# 모네 순간을 그린 화가들

# 모네 순간을 그린 화가들

수잔나 파르취 · 로즈마리 차허 글 | 함미라 옮김

다림

예술가들이 사는 마을 1
# 모네 순간을 그린 화가들

초판  1쇄 발행  2009년 8월 21일
초판 14쇄 발행  2025년 3월 4일

글쓴이  수잔나 파르취, 로즈마리 차허
옮긴이  함미라

편집장  천미진
편  집  최지우, 김현희
디자인  최윤정
마케팅  한소정
경영지원  한지영

펴낸이  한혁수
펴낸곳  도서출판 다림
등  록  1997년 8월 1일(제1-2209호)
주  소  07228 서울시 영등포구 영신로 220 KnK 디지털타워 1102호
전  화  02-538-2913 | 팩  스  070-4275-1693
블로그  blog.naver.com/darimbooks
다림 카페  cafe.naver.com/darimbooks
전자 우편  darimbooks@hanmail.net

ISBN  978-89-6177-025-5  73600
ISBN  978-89-6177-030-9  (세트)

*이 책 내용의 일부 또는 전부를 사용하려면 반드시 저작권자와 도서출판 다림의 서면 동의를 받아야 합니다.
*책값은 뒤표지에 표시되어 있습니다.

MALER DES AUGENBLICKS Wie Monet & Co. die Farben entdeckten
by Susanna Partsch, Rosemarie Zacher
Originally published at Bloomsbury Kinderbucher & Jugendbucher ⓒ 2007 Berlin Verlag GmbH
Korean Translation Copyright ⓒ 2009 Darim Publishing Co.
The Korean edition is published by arrangement with Berlin Verlag GmbH through MOMO Agency, Seoul, Korea.
All rights reserved.

*이 책의 한국어판 저작권은 모모 에이전시를 통해 Berlin Verlag GmbH과 독점 계약한 도서출판 다림에 있습니다.
저작권법에 의해 한국 내에서 보호를 받는 저작물이므로 어떠한 형태로든 무단 전재와 무단 복제를 금합니다.

| 제품명: 모네-순간을 그린 화가들 | 제조자명: 도서출판 다림 | 제조국명: 대한민국
전화번호: 02-538-2913 | 주소: 서울시 영등포구 영신로 220 KnK 디지털타워 1102호
제조년월: 2025년 3월 4일 | 사용연령: 10세 이상
※KC마크는 이 제품이 공통안전기준에 적합하였음을 의미합니다.

⚠ 주  의
아이들이 모서리에 다치지
않게 주의하세요.

## 차례

색으로 마술을 부려 볼까? 7

색과 빛의 마술사 클로드 모네 21

빛을 다루는 화가들 39

물감을 만들어 보자 55

모네의 정원으로 놀러 와 67

모네에게 부치는 인사 85

부록 101

1. 클로드 모네의 발자취
2. 모네의 정원에 놀러 온 화가들
3. 미술관에 놀러 가요

# 색으로 마술을 부려 볼까?

■ 수록 작품
클로드 모네 〈**아르장퇴유의 양귀비 들판**〉 1873년, 캔버스에 유채, 50×63cm, 파리 오르세 미술관 (10쪽)

그냥 조그만
괴물들 같은데…….

무슨 그림인지 알겠니?
조그맣고 빨간 괴물들이 마구 날려가는 그림은 아닐까?
아니, 어쩌면 달리는 게 아니라 날아가는 것일 수도 있겠지?
도대체 누가 괴물들을 쫓아오는 걸까?
누군가 빨간 색종이를 잘게 찢어서 흩뿌려 놓은 건지도 몰라.
아니면 수두에 걸린 거대한 용의 몸이거나.
그런데 수두에 걸리는 용도 다 있나?
뽀루지는 아닐까?
어둠 속에서 번쩍거리는 용의 빨간 뽀루지 말이야.

그 조그만 괴물들은 붉은 양귀비꽃들이야.

**완**전히 잘못 짚었어. 이건 〈아르장퇴유의 양귀비 들판〉이라는 그림의 한 부분이야. 프랑스 화가 클로드 모네가 1873년에 그린 그림이지. 모네가 어떤 사람인지 아르장퇴유가 어디인지는 나중에 이야기하도록 하고, 지금은 우선 그림부터 살펴보자.

하얀 구름이 넓게 낀 파란 하늘이 보이지? 하늘이 파란 부분보다 하얀 부분이 더 많네. 그래도 구름이 정겨워 보이지 않니? 금방이라도 비를 쏟을 것 같은 구름은 아니야. 그랬다면 구름이 회색이거나 검은색에 가까웠겠지.

그 하늘 아래 높다란 나무 한 그루가 불쑥 솟아 있어. 노란 나무 꼭대기 좀 봐. 노랗고 둥근 게 꼭 커튼을 장식하는 수술 같아. 노란 나무 밑으로는 녹색 가지들이 퍼져 있어. 이 녹색 가지들은 노란 나무에서 나왔을까? 아님 다른 나무일까? 혹시 덤불숲인가? 덤불이면 노란 나무 앞에 있는 걸까, 뒤에 있는 걸까?

어느 쪽이 맞는지 그림만 봐서는 잘 모르겠어. 어쨌든 노란 나무가 혼자 서 있는 게 아닌 건 확실해. 노란 나무 양쪽으로 크고 작은 나무들이 옹기종기 늘어서 있잖아. 꼭 하늘과 땅을 가르는 것처럼 말이야. 그 나무들 사이에 집 한 채가 빼꼼히 얼굴을 내밀고 있고, 집 앞에는 커다란 들판이 펼쳐져 있어.

들판 위쪽과 아래쪽에는 어떤 부인과 아이가 있네. 그 사이에 있는 약간 가파른 언덕에는 빨간 양귀비꽃이 흐드러지게 피어 있고. 이 붉은 얼룩들이 양귀비꽃처럼 생기지 않았어도 이제 너희들은 양귀비꽃이라는 걸 알 수 있어. 화가가 그림에 '양귀비 들판'이라는 제목을 붙였으니까. 간혹 이런 생각을 하는 친구도 있겠지. '들판에 피는 꽃 중에서 양귀비꽃 말고 다른 꽃은 없나?' 또는 '꽃 말고 다른 걸 저렇게 그렸을 수도 있잖아?'라고 말이지.

**양귀비꽃 괴물** 작은 빨간색 괴물은 그러니까 양귀비꽃이야. 부분만 봤을 때는 전체 그림과 어떤 연관이 있는지 모르니까 양귀비꽃인지 뭔지 몰랐지. 화가가 꽃을 세밀하게 그리지 않고 빨간 얼룩만 툭툭 찍어 놓았으니 모를 수밖에. 하지만 이제는 그 붉은 얼룩이 꽃이라는 게 아주 분명해졌어. 이제 궁금증이 풀렸겠지?

하지만 녹색 들판도, 양귀비꽃도 제대로 본 적이 없는 사람이라면 이 그림을 잘 이해하지 못할 수도 있어. 북극과 가까운 그린란드나 캐나다 북부, 시베리아 같은 곳에 사는 사람들처럼 말이야. 눈도 없고, 얼음도 없는 더운 나라에 평생 가 본 적도 없고 집에 텔레비전이나 인터넷도 없는 에스키모가 이 그림을 본다면, 무슨 그림인지 전혀 모를 거야. 왜냐하면 자세히 그린 게 하나도 없으니까.

화가는 다른 화가들처럼 나무와 덤불숲을 잎과 가지까지 자세하게 그린 게 아니라, 멀리서 봤을 때 눈에 들어오는 대로 그렸거든. 그래서 나무를 가장자리가 약간 푸슬푸슬해 보이는 녹색 얼룩으로 표현한 거야. 커튼 수술 같은 노란색 나무도 멀리서 본 모습 그대로 그린 거지. 그래서 노란 나무와 겹쳐 있는 초록 가지가 노란 나무와 같은 나무인지 아닌지도 구분하기 힘든 거야.

**녹색** 그림을 더 자세히 보면 들판을 다 똑같은 녹색으로 표현하지 않았다는 걸 알 수 있어. 실은 좀 더 밝은 녹색 그리고 좀 더 어두운 녹색 등 다양한 녹색으로 이루어져 있거든. 너희들은 무슨 색이 눈에 띄니?

전나무색

연녹색, 그보다 훨씬 더 연한 녹색, 노란색, 회색, 하얀색, 그런가 하면 진한 녹색들도 있고, 묵직하게 가라앉은 어두운 녹색도 있어. 심지어 그 사이사이에도 수많은 녹색들이 어우러져 있지. 그 색 이름들을 모두 늘어놓으려면 단어가 모자랄 정도로 말이야.

풀잎색

물론 녹색마다 각각 정해진 색 이름이 있기는 해. 하지만 이렇게 많은 녹색의 이름을 일일이 늘어놓기 시작하면, 우리는 한 발짝도 앞으로 나아갈 수 없을 거야. 같은 색이어도 더 연하게 보일 때도 있고 더 진하게 보일 때도 있거든. 〈아르장퇴유의 양귀비 들판〉의 왼쪽 구석을 봐. 눈에 띄는 녹색 이름을 몇 가지만 말해 볼까? 그 녹색들의 이름은 이끼색(모스그린), 사철나무색, 잔디색 등이야. 이런 색을 만들어 낸 사람들은 색 이름에 번호까지 붙여서 정확하게 색을 구분했어.

올리브그린

황록색

자, 이제 한 가지 색을 골라서 봐. 그리고 그 색의 이름을 혼자서 한 번 찾아보렴. 색 이름 붙이는 건 절대로 만만하게 생각할 일은 아니야. 예를 들어 '이끼색'이라고 하면 원래 파랑보다는 녹색이 더 많이 섞여

메이그린

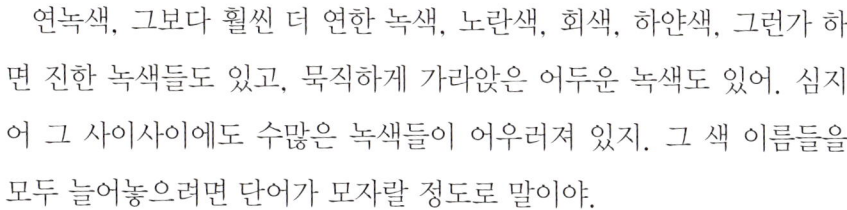

민트그린    진초록    녹즙색    사철나무색

이끼색 (모스그린)    크롬그린    폴베로네제그린

있고 검정과 하얀색이 약간씩 섞여 들어간 녹색이야. '이끼색'이라고 표현하고는 있지만 실제 숲으로 나가서 이끼를 보면 알쏭달쏭할 거야. 무척 강한 진초록을 띠는 이끼도 있고, 어두운 숲속에서 아주 신선하고 밝게 빛나는 이끼들도 있으니까 말이야.

이끼마다 다른 녹색을 띠고 있음.

**색 혼합** 우리의 눈은 그림에 담긴 갖가지 색을 뒤섞어 한 색으로 보이게 만든단다. 그래서 그림에 사용한 색을 하나하나 알아보려면 그림을 꼼꼼히 들여다보는 수밖에 없어. 이런 현상은 우리 눈이 갖고 있는 경험 때문이기도 해. 녹색 초원이나 풀밭은 한 번쯤 본 적이 있지? 공원이나 정원, 시골 들판 들 말이야. 그래서 '저기 나무로 둘러싸인 초원이 있어'라는 말을 들으면 누구든 비슷한 장면을 떠올릴 거야. '녹색'이라는 말은 굳이 꺼낼 필요조차 없지. 나무와 마찬가지로 초원도 봄철과 여름철이면 전부 녹색 천지니까.

〈아르장퇴유의 양귀비 들판〉을 그린 화가도 우리가 눈으로 하는 경험을 살려서 나무를 그렸어. 꽃도 마찬가지야. 꽃잎까지 한 장 한 장 표현하거나 잎사귀의 작은 줄기까지 그려 넣는 대신, 오히려 단순하게 크기나 밝기만 다르게 해서 붉은 얼룩만 툭툭 찍어 놓았지. 들판에 핀 양귀비꽃을 먼 데서 바라보면 우리 눈에 꼭 그렇게 보이거든.

물론 햇살이 좋은가, 아니면 하늘에 구름이 잔뜩 끼어 있는가에 따라 붉은색이 더 강하게 빛나기도 하고, 전혀 빛을 발하지 못하기도 해. 그림에서도 구름이 많이 끼긴 했지만 완전히 하늘을 덮은 건 아니어서 새빨갛게 보이는 곳도 있고 조금 약하게 보이는 곳도 있는 거야. 햇빛을 받는 꽃들은 색이 진하고 그늘진 곳에 있는 꽃들보다 더 커 보이는 것이지.

9쪽에 실린 그림을 다시 펼쳐 볼까? 이제 당연히 양귀비꽃으로 보이겠지? 오히려 양귀비꽃 말고 다른 것을 떠올리기가 쉽지 않을걸? 그건 바로 작은 빨간색 괴물이 어떤 그림에서 나왔는지 알고 있기 때문이야.

이제 '양귀비 들판' 그림에 화가가 사용한 색을 보자. 배경 색은 붉은 얼룩을 더욱 돋보이게 해. 같은 색이라도 항상 똑같아 보이는 건 아니야. 색에는 다른 색을 더 빛나게 해 주는 색들이 있어. 그런 색들과 함께 있으면 원래 색깔보다 더 두드러져 보인단다.

이미 오래전부터 색과, 색이 우리의 눈에 미치는 작용을 궁금하게 여기는 사람들이 많았어. 그래서 그 분야에 대한 연구들도 많이 했지. 하지만 한 화학자가 다음과 같은 사실을 밝혀낸 건 불과 200년 정도밖에 되지 않았다고 해. 원색인 빨강, 파랑, 노랑, 이 세 가지 색 중에서 두 가지를 섞어 만든 초록, 보라, 주황이 우리 눈에 아주 강한 자극을 준다는 거야. 물론 세상에는 셀 수 없이 많은 색깔들이 있으니까 여섯 가지 색으로 모든 색상을 설명할 수는 없지.

화학자들은 물론이고 예술가들도 수없이 많은 색을 정리하고, 그 색들이 우리 눈에 어떤 작용을 하는지 실험에 실험을 거듭했어. 그 결과

색표와 색상환, 공 모양에 색을 배열한 색구가 나오게 된 거란다. 그중 요하네스 이텐(Johannes Itten, 1888~1967)이라는 예술가가 만든 색상환이 가장 널리 알려져 있어. 그럼 이텐의 색상환을 자세히 살펴보도록 하자.

색상환의 가운데에 빨강, 노랑, 파랑 삼각형이 보이지? 이 세 가지 색을 기본색 혹은 일차색이라고도 해. 기본색을 섞으면 세 가지 이차색, 즉 주황, 초록, 보라를 만들 수 있어. 가운데 있는 기본색 삼각형의 각 변마다 이차색 삼각형이 맞붙어 있어. 색상환을 보면 금방 알 수 있을 거야.

노랑 ▲ + 빨강 ▲ = 주황 ▲
파랑 ▲ + 노랑 ▲ = 초록 ▲
빨강 ▲ + 파랑 ▲ = 보라 ▲

| 요하네스 이텐의 색상환 |

이렇게 만들어진 육각형의 꼭짓점이 색상환에서 어디를 가리키고 있는지 잘 보렴. 색상환이랑 꼭짓점이 같은 색일 때 맞붙어 있다는 걸 알 수 있지? 이건 절대 변하지 않아. 그리고 각각의 꼭짓점이 가리키는 색 사이로 그 두 색이 섞인 혼합색이 자리 잡고 있어. 이런 식으로 계속하면 혼합색이 많아지면서 색상환도 칸수가 점점 많아져. 단, 색을 섞을 땐 항상 두 가지 색만 섞어야

해. 이때 특별히 주의할 점은 물감의 양을 똑같이 해야 한다는 거야. 물론 두 가지 이상의 색도 섞을 수는 있어. 하지만 그것을 일일이 색상환에 표시하는 일은 복잡하기 짝이 없겠지.

그리고 어떤 색에 검은색이나 흰색을 더하면 색을 어둡게 하거나 혹은 밝게 할 수 있지만 색이 탁해질 수 있어. 이렇게 하면 그 색이 갖고 있던 고유의 빛깔을 잃게 되거든. 검은색은 조금만 섞어도 색이 어두워지는 데 비해 흰색은 양을 많이 섞어야 색이 밝아졌다고 느낄 수 있을 거야. 색을 전부 다 섞으면 지저분한 갈색이 나와. 한번 해 보렴.

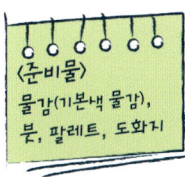

〈준비물〉
물감(기본색 물감), 붓, 팔레트, 도화지

주변을 잘 둘러봐. 그리고 마음에 드는 색깔 하나를 찾아보자. 네가 입고 있는 티셔츠에서 찾아보는 건 어떨까?

마음에 드는 색을 찾았으면 기본색을 섞어서 그 색을 만들어 보는 거야. 처음엔 물감을 아주 조금씩만 덜어 내도록 해. 나중에 이 색, 저 색에서 조금씩 색을 덜어서 섞다 보면 금방 많은 양의 색을 얻을 수 있지.

물감을 잘 섞어서 원하던 색이 나왔다고 생각되면, 평소에 네가 제일 좋아하던 그림을 하나 찾아봐. 그리고 그 그림에 무슨 색들이 나오는지 하나하나 정확히 살펴보자. 그런 다음 이 색들에 잘 어울릴 만한 너만의 그림을 생각해 둬. (화가의 그림과는 완전히 달라야 해.)

자, 이제 직접 그림을 그릴 차례야. 이때 쓸 수 있는 색은 네가 가장 좋아하는 그 그림에 나오는 색뿐이야. 더도 덜도 말고 딱 그 색들만 쓰는 거야.

이렇게 하는 건 사실 정말 쉽지 않아. 그래도 이 원칙을 정확히 지켜서 그려 봐. 그러면 놀랄 만큼 아름다운 네 작품에 감탄하게 될 거야.

색을 섞을 줄 아는 것만 중요한 건 아니야. 같은 색이라도 주변에 따라 얼마나 달라 보이는지도 알아 두어야 해.

넷 중에서 어떤 빨간색이 더 눈에 띄지?

우리의 눈은 빨강과 녹색, 이 두 색의 대비를 가장 강하게 느껴. 또 두 색의 선명도가 같을 경우, 반쯤 눈을 감고 쳐다보면 두 색이 어른어른 빛나는 것처럼 보이기도 해. 이렇게 반대를 이루는 색들을 보색이라고도 하는데, 16쪽에 나온 색상환에도 잘 나타나 있어. 색상환을 보면 보색은 서로 반대편에서 마주보고 있어. 한번 찾아봐. 〈아르장퇴유의 양귀비 들판〉 화가도 바로 이런 보색 대비를 생각해서 빨강과 초록의 강렬한 대비를 사용한 거야.

〈준비물〉
물감(빨간색과 녹색은 꼭 가져와), 그림 도구

빨간색과 녹색의 보색 대비를 한번 시험해 볼까?
 도화지를 한 장 펼쳐 놓고 서로 다른 여러 가지 녹색을 사용하여 원시림을 그리는 거야. 그런 다음 녹색 원시림에서 금방 찾아낼 수 있도록 빨간색으로 동물을 그리는 거야. 아래에 있는 앵무새 그림도 같은 방법으로 그린 거야.

너도 한번 그려 봐.

# 색과 빛의 마술사 클로드 모네

■ 수록 작품

클로드 모네 〈**클레어빌이라고도 불리는 극작가 루이 프랑소와 니콜레**〉 연필화, 32×34cm, 파리 마르모탕 박물관 (26쪽)
클로드 모네 〈**녹색 옷을 입은 카미유**〉 1866년, 캔버스에 유채, 231×151cm, 브레멘 쿤스트할레 (29쪽)
윌리엄 터너 〈**전함 테메레르**〉 1838년, 캔버스에 유채, 91×122cm, 런던 국립미술관 (31쪽)
클로드 모네 〈**아르장퇴유의 센 다리**〉 1874년, 캔버스에 유채, 60×81.4cm, 뮌헨 노이에 피나코테크 화랑 (34쪽)

**클로드 모네** 〈아르장퇴유의 양귀비 들판〉을 그린 화가는 어느 시대에 어떻게 살았을까?

20세 때의 모네

오스카 클로드 모네(Oscar Claude Monet)는 1840년 11월 14일, 파리에서 태어났어. 그러니까 150년 이상 지난 얘기지. 막 기차가 발명되긴 했지만 아직 자동차나 비행기는 물론이고, 전화와 전깃불도 없던 시절이었어.

모네의 아버지는 작은 가게를 운영하고 있었지만 넉넉하게 살 만큼 충분히 벌지는 못했어. 어릴 때에는 모두들 모네를 오스카라고 불렀다고 해. 다른 형제로는 4살 위의 형 레옹파스칼이 있었어.

모네는 태어나서 5살 때까지 파리에서 지냈어. 그런 다음 가족이 모두 해안 도시인 르아브르로 이사하였지. 르아브르는 프랑스의 가장 북쪽에 있는 큰 항구 도시야. 파리를 가로지르는 센강이 모여 대서양으로 흘러가는 곳이지. 살아 있는 동안 어디서든 모네의 마음 한 구석을 차지했던 장소이기도 하고.

르아브르에는 모네의 고모가 살고 있었어. 고모부는 식민지 특산물 도매점을 운영하는 분이었지. 식민지 특산물은 커피와 차, 코코아 그리고 향신료와 같이 원산지가 먼 곳에서 수입한 식료품을 이야기해. 고모부에게는 언제나 가게 일을 도와줄 일손이 필요했어. 그 덕분에 모네의 아버지도 가게에서 일을 하며 돈을 넉넉하게 벌 수 있었고, 가족들 모두 편안한 생활을 할 수 있었지.

그리고 몇 해 뒤, 모네는 학교에 들어가게 되었어. 하지만 모네는 학교에 가는 게 너무 따분했어. 착한 학생도 아니었지. 날이 밝으면 학교 대신 폐석 처리장으로 달려가거나, 바닷가에 가서 해수욕을 하며 노는 걸 더 좋아하는 학생이었대. 한 마디로 요리조리 수업을 빼먹었던 거지. 어쩌다 수업을 듣게 되는 날이면, 수업에는 집중하지 않고 끼적끼적 공책 한 가득 낙서만 했대.

단, 미술 시간만큼은 아주 좋아했다고 해. 심화 과정까지 스스로 들을 정도로 말이야. 모네의 행동은 선생님들과 부모님의 노여움을 사기에 충분했어. 하지만 미술 선생님만은 모네를 좋아했지.

학년이 조금 더 올라가자, 모네는 선생님들을 그리기 시작했어. 생긴 그대로의 모습이 아닌 캐리커처 그림이었대. 이때 모네는 캐리커처를 잘 그리는 자신의 재능을 발견한 거야. 선생님들 말고도 유명 인사들도 그렸는데, 대부분은 신문에서 직접 오려 낸 사진들을 보고 그렸어. 르아브르에서 가장 큰 표구사* 사장이 모네의 캐리커처 그림들을 가게에 걸어 놓고 팔았는데 찾는 사람이 많았지. 이후로 모네는 돈도 많이 벌고 시에서 모르는 사람이 없을 정도로 유명해졌어.

그즈음 화가 한 명을 알게 되었는데, 독특하게도 야외에서 그림을 그리는 화가였어. 아틀리에*가 아닌 야외에서 그림을 그리는 것은 당시로서는 좀 특별한 경우였지. 모네도 처음엔 어떻게 야외에서 그림을 그려야 할지 감도 잡을 수 없었단다. 하지만 차차 이 나이 든 화가에게 그림을 배우는 데 빠져들었어.

모네는 그림에 흠뻑 빠져서 학교를 아예 중단하기도 했어. 아버지는 무척 화를 냈지. 아버지는 아들이 나중에 자신처럼 식민지 특산물 도

*표구사
그림 뒷면이나 테두리에 종이 또는 천을 발라서 꾸미는 일을 하는 가게.

*아틀리에
화가나 조각가들이 그림을 그리거나 조각을 하는 방.

야외에서
그림 그리기

매상에서 일하길 바랐거든. 그런 아버지의 바람과는 달리 아들 모네는 우스꽝스러운 캐리커처만 그렸으니 속이 상했겠지. 그것도 모자라 나이 든 화가랑 바닷가 어딘가에서 그림만 그리며 오직 화가가 되겠다는 것밖에는 아무것도 생각하시 않았으니 말이야.

하지만 이 꿈은 순탄하게 이루어질 수 없었지. 모네가 열일곱 살 때 어머니가 돌아가셨거든. 모네의 그림에 대한 열망을 조금이나마 이해해 주던 단 한 사람이 세상을 뜨고 만 거야. 하지만 모네의 고모가 갈등을 겪는 모네 가족을 돌보면서 어머니의 빈자리를 조금이나마 대신하게 되었지.

고모는 예술에 관심이 많았고 예술을 진지하게 여겼어. 모네가 아버 모네는 한 유명한 작가를 두고 이렇게 캐리커처를 그렸단다.

지에게 무슨 일이 있어도 꼭 화가가 되겠다고 했을 때 모네의 편을 들어준 사람도 고모였어.

물론 아버지를 완전히 설득한 건 아니야. 하지만 적어도 개인 교습을 받거나 미술 아카데미에서 공부하는 데 얼마나 돈이 필요한지 정도는 아버지에게 알릴 수 있었지. 그러니까 아들이 파리로 간다면 돈을 대 줄 의향이 있는지 물어볼 수는 있게 된 거야.

장학금은 못 받았지만 캐리커처가 잘 팔린 덕분에 모네는 엄청나게 많은 돈을 벌었어. 파리에 도착해서 몇 년은 돈 걱정 안 해도 될 정도였지. 그리하여 1859년, 모네는 르아브르를 떠나 파리로 갈 수 있었단다.

그러나 모네를 파리로 갈 수 있게 해 준 캐리커처가 아쉽게도 파리에서는 별로 돈벌이가 못 되었어. 아마 이 즈음까지도 오스카를 따서 'O. Monet'라는 서명을 사용했기 때문에 그런 것도 같아. 그래서 사람들이 이 서명의 주인공을 알아보지 못했던 것이지.

지금까지 남아 있는 캐리커처들은 당시 파리에 살던 유명 작가나 신문 발행인을 그린 것들이야. 캐리커처의 인물들은 한결같이 머리가 큰 게 특징이야. 대부분 아주 작은 몸통 위에 머리를 덜렁 얹어 놓은 것 같은 모양이지. 개중에는 화분에 심은 장미에 머리가 달려 있는 그림도 있어.

**파리** 모네는 파리에 와서도 아버지의 바람대로 하지 않았지. 모네가 좋아하는 방식으로만 공부하려고 했거든. 파리에는 학생들을 잘 가르치기로 소문난 화가가 한 명 있었어. 하지만 모네는 옛날 방식으로 그림을 그리는 걸 싫어했어. 지루한 고전 시대의 인물들을 그대로 따라 그리고 싶지 않았던 거야. 모네가 원한 건 밖으로 나가 풍경을 그리거나 살아 있는 모델들을 그리는 것이었어.

이런 화풍을 배우기에 적절한 곳으로 스위스 미술 아카데미라는 곳이 있었어. 그곳은 화가를 꿈꾸는 예비 화가들이 마음껏 작업할 수 있도록 공간과 모델을 제공해 주었어. 비록 모네에게 장점과 단점을 지적해 줄 사람은 없었지만 평생 친구로 지낸 화가들 몇 명을 이 미술 아카데미에서 만날 수 있었지.

하지만 모네가 그토록 원했던 파리에서의 시간도 얼마 못 가 끝이 나고 말았어. 군대에 가야 했거든. 군대에 간 모네는 알제리로 파견되어 북아프리카에 가게 되었어. 하지만 병에 걸리는 바람에 그곳에서도 오래 있지는 못했어. 이번엔 다시 군대로 불려 가지 않도록 아버지와 고모가 힘을 합쳐 모네를 도와주었어. 물론 모네가 또다시 심하게 병에 걸릴까 봐 걱정도 되었고 말이야.

대신 아버지와 고모는 앞으로 모네가 파리에 가면 어떤 화가와 그림 공부를 할지 함께 결정하자고 했어. 이번에는 모네도 당분간 그 결정을 따랐지. 새 선생님에게 배우는 동안 알게 된 젊은 화가들 몇 명과 친구가 되기도 했어. 하지만 수업은 정말 견디기 힘들었어. 결국 모네는 오래지 않아 수업을 그만두고 말았어. 얼마 안 있어 집에서 더 이상 돈을 받을 수 없게 되었고, 그럭저럭 하는 사이 갖고 있던 돈도 바닥이 나고 말았지 뭐야.

당시 모네는 그림을 참 많이도 그렸어. 하지만 큰 성공을 거둔 작품은 단 한 작품뿐이었어. 〈녹색 옷을 입은 카미유〉라는 작품이야.

긴 녹색 드레스 위에 짧은 모피 재킷을 걸친 젊은 여인의 모습을 담은 그림이야. 그림 속의 여인이 어깨 너머를 바라보고 있어서 우리는 다행히도 여인의 얼굴을 볼 수 있어.

이 그림은 모네가 평소 그리던 방식과는 조금 달라. 당시 사람들에게 익숙했던 방식보다 훨씬 더 강렬하게 그린 그림이었거든. 전체적으로 어두운 흑갈색이어서 밝은 갈색 바닥이 확 드러나지. 그림에서 볼 수 있는 강렬한 색이라곤 옷에 있는 녹색뿐이야. 빛도 옷과 여인의 얼굴을 비추고 있어.

이 여인의 이름은 카미유 동시외. 모네와 만난 지 얼마 지나지 않아 곧 모네의 여자 친구가 되었어. 두 사람은 결혼하고 싶어 했지만, 양쪽 집안 모두 두 사람의 결혼을 반대하며 헤어지라고 했어. 그러나 모네와 카미유는 그런 상황을 꿋꿋하게 견디며 함께 살았어. 그리고 1867년, 아이를 낳았지.

이렇게 하여 얻은 아들이 장이야. 〈아르장퇴유의 양귀비 들판〉에 나오는 아이와 부인이 장과 카미유야. 모네는 아들과 아내를 두 번이나 그려 넣었어. 한 번은 위쪽에, 한 번은 아래쪽에 말이야.

이 양귀비 들판은 파리 근교에 있는 작은 도시 아르장퇴유의 변두리에 있어. 정식으로 결혼을 올린 지 일 년 만인 1871년, 카미유와 모네

모네는
여자 친구 카미유가
녹색 옷을 입은 모습을
그렸어.

양귀비 들판에서
카미유와 장

는 이곳으로 이사를 왔어. 파리는 물가가 비싸서 생활비를 감당하기 힘들었으니까. 게다가 파리에서 불과 몇 킬로미터밖에 떨어지지 않은 아르장퇴유에서는 정원까지 있는 큰 집을 구할 수 있었거든.

 물론 이사 오기 전 몇 해 동안에도 많은 일들이 있었지. 1870년에서 1871년 사이에 프랑스와 독일 사이에 전쟁이 벌어졌어. 모네는 또 군대로 불려 가 전쟁터에 나갈까 봐 두려웠어. 그래서 영국으로 건너가 전쟁이 끝날 때까지 기다리기로 했지. 당시에는 모네만 이런 생각을 한 건 아니었어. 프랑스 사람들 중에는 모네와 같은 생각을 한 사람들이 꽤 있었대.

　런던에 간 모네는 많은 화가들을 만날 수 있었어. 뿐만 아니라 런던에 지점을 낸 파리 출신의 미술품 거래상도 만났지. 거래상 폴 뒤랑뤼엘은 물질적인 도움뿐만 아니라 모네의 그림이라면 칭찬을 아끼지 않고 정성을 다해 그림을 팔아 주려고 했지. 이렇게 모네를 도와주던 뒤랑뤼엘은 나중에 모네가 유명해진 덕분에 많은 돈을 벌 수 있었대.

　영국에 있는 동안 모네는 한 화가의 그림을 인상 깊게 보았지. 무수히 많은 색채로 공기와 안개, 해 지는 풍경을 표현한 그림이었어. 그 화가의 이름은 윌리엄 터너(William Turner 1775~1851)야. 나중에 모네는 윌리엄 터너에게 아무런 영향도 받지 않다고 주장했지만, 그 말은 맞는 말이 아니야.

윌리엄 터너의 그림이야. 황금빛 노을이 아름답지 않니?

**야외 그림 작업**  당시 대다수의 화가들은 아틀리에에서 주로 작업을 했어. 반대로 모네는 영국으로 가기 전부터 야외에서 그림을 그렸지. 하지만 모네에게 유명세를 안겨 준 작품들이 나온 건 영국에서 돌아오고 난 뒤부터야. 사물을 눈에 보이는 그대로 표현하는 모네만의 기법이 이때부터 나타났거든.

우선 모네는 햇빛을 받을 때와, 구름이 끼었을 때 색이 얼마나 달라 보이는지 정확히 관찰했어. 그러다가 하늘에 구름이 끼어 있다고 해도 항상 똑같은 색으로 보이는 게 아니라 색상의 차이가 크다는 걸 깨달았지. 하얀 구름 몇 점이 해를 스치듯 지나갈 때, 우중충한 회색빛 하늘일 때, 아니면 하늘 가득 시커먼 먹구름이 몰려 있을 때 등등 그때그때마다 색이 다른 모습을 보여 줬거든. 모네는 이런 다양한 색상의 차이에 흠뻑 빠져들었어.

모네의 새로운 시도는 여기서 그치지 않았어. 모네는 일상생활의 한 부분이 되어 너무나 당연하게 여기는 것들에 눈길을 돌렸어. 전에는 아무도 관심을 갖지 않았을 법한 것들을 화폭에 담기 시작한 거야. 모네가 정말 많이 그렸던 아르장퇴유의 다리도 바로 이런 시도 중 하나였지.

**아르장퇴유의 다리**  프랑스와 독일의 전쟁이 계속되면서 독일군이 파리로 들어오는 것을 막기 위해 프랑스 사람들은 아르장퇴유에 있는 다리들을 파괴했어. 그러고는 전쟁이 끝난 뒤에야 다리를 다시 세

웠지.

아르장퇴유에는 다리가 두 개 있었는데 하나는 도로용 다리였고, 또 다른 하나는 철도용 다리였어. 모네는 이 다리들을 여러 번에 걸쳐 그렸어. 심지어 다리가 세워지는 동안에도 그랬지. 새로 들어선 도로용 다리는 돌기둥으로 이루어져 있었는데, 다릿기둥 사이에 있는 철로 된 둥근 구조물이 다리를 받쳐 주었어.

그럼 모네가 그린 그림을 한번 살펴볼까? (34쪽)

강물 위에 여러 척의 배가 둥실둥실 떠 있는 걸 볼 수 있어. 배들이 쥐 죽은 듯 물 위에 누워 있어. 바람에 펄럭이는 돛도 없고, 돛대만 하늘을 향해 비죽비죽 솟아 있지. 배가 강가에 머무르고 있는 것처럼 한가로워 보여.

그림 앞쪽으로 보이는 녹색 얼룩은 아마 강변에서 자라는 갈대일 거야. 강물은 잔잔하게 일렁이며 아주 작은 물결을 일으킬 뿐, 거의 움직임이 없어 보여. 하지만 수면이 고르지 않은 걸 보면, 아예 움직임이 없는 상태는 아니라는 걸 알 수 있어.

다리가 수면에 비치는 것도 보이지? 그림에서는 다리 전체가 다 보이지는 않아. 다리를 떠받치는 다릿기둥 두 개와 그 사이에 있는 둥근 받침대, 다음 다릿기둥으로 이어지는 받침대 일부만 그려져 있으니까. 아마도 다리의 중간 부분쯤 되는 것 같아. 그래도 둥근 받침대의 철골 구조를 보면 여러 개의 둥근 받침대와 가로대는 정확히 알아볼 수 있어.

다리 위에 사람들이 있는 것도 보이지? 그런데 너무 멀리 있어서 또

앞에 보이는 다리가 도로용 다리야.

렷하게 알아보기는 쉽지 않아. 물감 얼룩들로 보건대 사람들과 마차일 거라고 짐작할 뿐이야. 사람들은 다리 난간에 기대어 서서 어딘가를 바라보는 것 같아. 마차 역시 짐마차인지 아니면 일반 마차인지 그림만 보아서는 알 수 없어. 물론 이것도 100퍼센트 확실한 건 아니야. 실제로 멀리 떨어져 있는 것을 정확하게 알아보기 힘든 것과 똑같이 말이야.

둥근 받침대 사이로 멀리 강기슭도 보여. 그 강기슭 너머로 언덕이 하나 불쑥 솟아 있는 것도 보이지? 언덕 모양이 영락없이 다리 받침대의 둥근 선을 따라 그린 것만 같아. 다리 받침대보다 크기는 좀 작지만 둥그런 언덕이 받침대 속에 맞춤하듯 쏘옥 들어와 있어. 언덕과 한데 어울려 있는 얼룩들은 마치 집처럼 보여. 그곳이 아마 아르장퇴유일 거야.

이제, 그림의 오른쪽 가장자리를 보자. 들보처럼 수평으로 놓여 있는 받침대와, 그 받침대를 떠받들고 있는 기둥이 보여. 바로 모네가 도로용 다리와 함께 자주 그렸던 철도용 다리야.

그림 윗부분을 치지하고 있는 건 하늘이야. 다리의 둥근 받침대와 언덕 사이에도 살짝 하늘이 보이지. 하늘은 푸른색을 띠면서도, 흰색, 파랑, 장밋빛 등 많은 얼룩들이 뒤섞여 있어. 햇살 가득한 화창한 날은 아니라는 걸 알 수 있지. 가벼운 구름도 떠 있어. 한 점 한 점 모두 알아볼 수 있지. 바로 이 구름들이 앞쪽 강물에 비치고 있어. 강물은 뒤로 가면서 점점 더 푸른빛을 띠어. 거기에 비친 하늘은 앞쪽처럼 구름이 많아 보이진 않아.

　이 그림에서도 〈아르장퇴유의 양귀비 들판〉과 비슷한 점을 찾아낼 수 있을 거야. 모네는 특정한 빛에 따라 색이 바뀌는 것을 정확히 집어내려고 했어. 빛의 밝기와 우리가 서 있는 위치, 다시 말해 해를 등지고 있느냐 아니면 우리가 해와 마주보고 있느냐에 따라 사물이 다르게 보이거든. 따라서 철로 된 이 다리 역시 원래 어두운 색이었다고 해도, 어떻게 빛을 받느냐에 따라 아주 밝게 보일 수도 있는 거지. 그러니까 하늘의 밝은 빛과 물에 반사된 밝은 빛의 영향을 받고 있어서 모네가 그린 다리도 밝아 보이는 거야. 한 마디로 우리의 눈이 시각적으로 장난을 친 것이지.

　이런 현상은 한 가지 사물을 시간대와 날씨를 다르게 해서 사진을 찍어 보면 잘 관찰할 수 있어. 이때 주의할 점은 사물을 찍는 위치가 항상 일정해야 한다는 거야. 위에 있는 뮌헨 올림픽 주 경기장 사진을 보면 더 쉽게 알 수 있을 거야.

　물론 모네가 살던 당시에도 사람들이 이런 현상에 대해 몰랐던 건 아니야. 하지만 당시 사람들은 그림과 실제는 달라야 한다고 생각했어.

뮌헨 올림픽 주 경기장의 유리 지붕은 빛에 따라 은빛으로 반짝이기도 하고 아주 어두워지기도 해.

그래서 그림을 그릴 때에는 인물 한 사람 한 사람, 풀줄기 하나하나, 집들 하나하나까지 아주 세밀하게 그려야 한다고 생각했어. 그랬으니 모네의 그림을 보면 더더욱 뭐가 뭔지 잘 알아볼 수 없었겠지. 그래서 사람들은 모네의 작품을 '서툰 물감투성이 그림'이라며 흉을 보았어.

빛을 다루는 화가들

■ 수록 작품

클로드 모네 〈해돋이, 인상〉 1873년, 캔버스에 유채, 48×63cm, 파리 마르모탕 박물관 (43쪽)
에두아르 마네 〈배 위에서 그림을 그리는 모네〉 1874년, 캔버스에 유채, 82.5×100.5cm, 뮌헨 노이에 피나코테크 화랑 (44쪽)
에두아르 마네 〈자신의 아틀리에 배에 있는 화가 모네〉 캔버스에 유채, 106.5×135cm, 슈투트가르트 시립미술관 (47쪽)
에두아르 마네 〈아르장퇴유의 정원에 있는 모네 가족〉 1874년, 캔버스에 유채, 61×99.7cm, 뉴욕 메트로폴리탄 아트뮤지엄 (51쪽)
오귀스트 르누아르 〈아르장퇴유의 정원에 있는 카미유와 아들 장〉 1874년, 캔버스에 유채, 50.4×68cm, 워싱턴 국립미술관 (53쪽)

**인상주의**  모네의 작품 중에 항구 위로 해가 떠오르는 장면을 그린 유명한 작품이 있어.(43쪽) 그 그림에 모네는 〈해돋이, 인상〉이라는 제목을 붙였어. 모네는 이 작품을 가지고 친구인 폴 세잔(Paul Cézanne 1839~1906), 에드가 드가(Edgar Degas 1834~1917), 오귀스트 르누아르(Auguste Renoir 1841~1919), 카미유 피사로(Camille Pissarro 1830~1903) 등 여러 화가들과 함께 전시회에 참여했어.

그런데 한 비평가가 모네 그림의 제목을 인용하여 전시회에 참여했던 화가들을 통틀어 인상파라고 부르기 시작했대. 원래 인상파 화가들을 모욕하려고 쓴 말이었는데, 오히려 전시회에 작품을 냈던 화가들은 이 말을 무척 마음에 들어 했어. 그래서 그때부터 그들이 앞장서서 스스로를 인상파라고 부르기 시작했고 오늘까지 이어져 온 거야.

인상파 화가들은 우리의 감각이 느낀 인상을 색으로 다시 나타내려고 했어. 그들은 집이나 배, 다릿기둥과 같은 것들을 분명하게 경계선을 그어 가며 그릴 수 없다고 생각했어.

모네 역시 〈해돋이, 인상〉에서 배의 윤곽선은 물론이고, 강기슭에 있는 건물이나 크레인의 윤곽선도 명확하지 않게 그렸지. 하지만 윤곽선이 없어서 아쉽다고 느끼는 사람은 아무도 없을 것 같아. 윤곽선이 없어도 무슨 그림인지, 또 무엇을 나타내려고 했는지 잘 알 수 있으니까 말이야.

앞에서 본 다리 그림을 한 번 더 펼쳐 보겠니? (34쪽 그림 말이야.) 이 다리 그림에서 모네는 녹색과 파랑처럼 차가운 색을 많이 사용했지? 덕분에 우리는 철과 물이 주는 차가움을 느낄 수 있어. 반대로 중간중

간 두드러지는 따뜻한 노란색은 여름의 더위를 느낄 수 있게 하지. 그리고 갈색 계열의 색을 사용한 덕분에 다리와 배, 풍경에 입체감이 살아 있어. 모네는 이 그림을 그릴 때, 팔레트 위에다 아주 특정한 색 몇 가지만 짜 놓고 썼어. 색에 대해 모네가 직접 쓴 글도 있는데, 이 얘기는 81쪽을 읽어 나가다 보면 볼 수 있어.

*캔버스
유화를 그릴 때 사용하는 천.

모네는 캔버스*도 그림에 포함시켰어. 원래 캔버스에 그림을 그리려면 그림을 그리기 전에 천에다 먼저 애벌칠을 해야 해. 애벌칠을 한다는 건 한 가지 색을 캔버스 위에 골고루 펴 바르는 거야.

모네 역시 〈해돋이, 인상〉을 그릴 때 애벌칠을 했지. 따뜻한 회색으로 말이야. 그런 다음 그 위에 차가운 색들로 그림을 그렸어. 하지만 몇 군데는 바탕에 칠한 회색이 그대로 내비치도록 두었는데, 이 회색이 차가운 색들과 있다 보니까 따뜻한 분홍색처럼 보이는 효과가 난 거야. 하늘에 있는 분홍 얼룩, 그러니까 구름은 실제로는 분홍색과는 전혀 거리가 먼 색이지. 애벌칠한 캔버스에 흰색과 파란색 물감을 새로 찍어 놓은 게 아니라, 그냥 회색으로 애벌칠한 캔버스 바닥이었던 거야.

물론 이건 책으로는 정확히 알아보기 힘들고, 직접 그림을 눈앞에 두고 볼 때 더 정확히 알 수 있어. 인상파 그림들을 볼 때에는 먼저 좀 멀리 떨어져서 감상해 볼 필요가 있어. 그런 다음 그림 가까이로 다가가면서 그림을 살펴보는 거야. 그렇게 해 보면 먼 데서 볼 때랑 그림이 다르게 보이는 걸 확실히 알 수 있단다.

〈해돋이, 인상〉이라는 그림에서 인상파라는 명칭이 나오게 되었어.

마네가 그림을 그리고 있는 모네를 그린 거야.

**조각배 아틀리에** 다리 그림을 그릴 때 모네는 분명 강기슭이 아닌, 강 위에서 그림을 그렸을 거야.

모네에게는 배가 한 척 있었어. 그 배를 타고 가장 좋은 그림이 나올 만한 곳을 찾아 센강 위를 돌아다녔지. 그러다가 적당한 장소를 발견하면 배를 멈추고 그림을 그렸어.

이렇게 배에 앉아서 그림을 그리는 모네의 모습을 모네의 친구가 그림으로 남겼어. 바로 에두아르 마네(Edouard Manet 1832~1883)야. 마네는 많은 인상파 화가들과 친하게 지내면서도, 야외보다는 아틀리에에서 작업하는 걸 훨씬 더 좋아했던 화가였어.

모네가 아르장퇴유에 살던 어느 해 여름, 마네는 모네의 집을 방문했다가 인상주의 작품들 중 가장 중요한 작품 가운데 하나인 〈배 위에서 그림을 그리는 모네〉라는 그림을 남겼지.

조각배는 모네가 앉으면 배가 꽉 차 보일 정도로 작아. 그림에서 모네는 갑판 위에 쳐 둔 차양 아래 앉아서 〈아르장퇴유 근교의 센강에 떠 있는 조각배〉라는 그림을 그리고 있어. 선실 입구에 있는 여인은 모네의 아내 카미유야.


**밑그림** 〈배 위에서 그림을 그리는 모네〉라는 그림에는 인상파 화가들의 특징이 아주 잘 드러나 있어. 그게 뭘까? 그건 바로 또렷한 윤곽선이 없다는 거야. 특히 그림의 왼쪽 가장자리를 보면 잘 알 수 있어. 물 위에 강기슭이 비치는 건 알겠는데 정확히 어디까지가 강기슭을 표현한 것인지 전혀 분간이 가지 않지.

 그림을 그릴 때 많은 초보자들이 범하는 실수가 있어. 연필로 진하게 밑그림을 그리는 실수 말이야. 그렇게 하면 도화지에 남는 건 연필 선 안에 갇힌 그림뿐이야. 그러나 인상파 화가들에게는 색다른 밑그림을 배울 수 있어. 윤곽선을 진하게 그려야 한다는 생각에서 벗어나는 것 말이야. 그러면 스치듯 빠르고 자유로운 붓놀림으로 사물에 다가가는 법을 배울 수 있어.

 마네의 작품 〈배 위에서 그림을 그리는 모네〉는 사실 한 번에 나온 작품은 아니었어. 그 작품을 그리기 전에 그린 것으로 보이는 그림이 남아 있거든. 오른쪽에 있는 그림을 보면 붓으로 밑그림을 그린 다음, 물감으로 색을 입히는 작업이 어떻게 이루어지는지 알 수 있어.

 이 그림은 마네가 〈배에서 그림을 그리는 모네〉를 그리려고 마음먹은 뒤 그린 첫 번째 그림이야. 이 그림은 밑그림인 셈이지. 하지만 마네는 연필 대신 유화 물감으로 〈배 위에서 그림을 그리는 모네〉를 그리려던 캔버스 위에다 직접 밑그림을 그렸어. 이 유화 밑그림도 배 위에 있는 모네와 카미유의 모습을 그린 거야. 여기에서는 앞에 있는 그림과 달리 두 사람이 모두 배의 가장자리에 나란히 앉아 있어.

 하지만 밑그림을 완성하고 나자, 마네는 다른 각도에서 그림을 그려야겠다는 생각이 들었어. 마네는 새 캔버스를 가져왔어. 그리고 밑그림부터 다시 시작해야 했지. 그렇게 〈배 위에서 그림을 그리는 모네〉 그림을 완성했어. 앞서 유화 물감으로 밑그림을 그렸던 캔버스는 더 이상 사용할 수 없었기 때문에 그냥 모네네 집에 두고 떠났어.

이 유화 밑그림은 조각배 위에 있는 카미유와 모네를 그린 거야.

모네는 마네가 찾아왔던 여름을 잊지 않으려고 이 그림을 계속 간직했어. 덕분에 지금 우리가 〈배 위에서 그림을 그리는 모네〉 그림이 어떻게 세상에 나오게 되었는지 되짚어 볼 수 있게 된 거란다.

계속 〈자신의 아틀리에 배에 있는 화가 모네〉를 보자. 마네는 우선 인물을 그릴 자리에 밝은색을 채웠어. 그리고 배 가장자리에 인물들을 앉혀 놓았지. 그런 다음 빠르게 붓을 놀려 어두운색으로 가늘게 윤곽선을 그렸어. 이때 손이나 손가락을 정확하게 그리는 것 따위는 중요하게 여기지 않았어.

부인의 얼굴은 몇 번의 붓질로 아주 훌륭하게 그렸는데, 모네의 얼굴은 아직 아무것도 그리지 못했지?

모네의 얼굴에 난 붓질을 자세히 살펴보면, 마네가 모네의 얼굴도 자세히 그린 적이 있다는 걸 알 수 있어. 하지만 친구의 얼굴이 뜻대로 그려지지 않았나 봐. 짜증이 났는지 친구의 얼굴에 굵은 붓으로 사선을 그어 버리곤 유화 물감이 마를 때까지 놔두었지. 나중에 한 번 더 그리려고 말이야. 유화 물감으로 그림을 그릴 땐 잘못 그린 부분은 그냥 그 위에 덧칠을 해도 되거든.

하지만 마네는 이 그림이 정말 마음에 들지 않았던 게 분명해. 새 캔버스를 가져와 처음부터 다시 그리겠다고 마음먹었을 정도였으니까. 그리고 윤곽선이 살아 있던 이 유화 밑그림과는 달리, 새로 시작한 두 번째 그림에서는 윤곽선을 그리지 않고도 훌륭하게 그림을 그릴 수 있었던 거고.

   인상파 화가들은 사람이나 물체의 윤곽 찾는 일을 감상하는 사람들의 몫으로 남겨 두었어. 앞서 수세기 동안 활동했던 화가들과 반대로 생각하고 그림을 그렸던 거야.

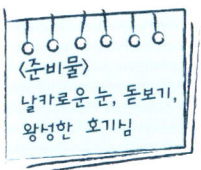

다시 한번 마네의 〈배 위에서 그림을 그리는 모네〉를 살펴보자. 강기슭뿐 아니라, 짙은 색의 뱃머리도 들쑥날쑥 윤곽이 뚜렷치 않다는 걸 볼 수 있어.

   어디까지가 배이고 어디서부터 물에 비친 배의 그림자가 시작되는 걸까?

호수에
비치는 건
무언일까?

〈준비물〉
도화지, 물감,
여러 굵기의 붓

인상파의 그림이 마음에 드니? 인상파의 그림 기법도 배워 보고 싶다고? 그렇다면 재미있는 숙제를 내 줄 테니 한번 해 보렴.

먼저 도화지 위에다 가늘고 굵은 붓으로 여러 가지 파란색과 초록색을 이용해서 물을 그려. 그런 다음, 물에 비치는 것들을 그려 보는 거야.

강기슭에서 볼 수 있는 것들을 한번 생각해 보렴. 생각한 것들을 배경 삼아 이제 그림의 주인공인 배를 그리는 거야. 네가 화가라면 며칠이고 머무르고 싶어 할 그런 수상 주택 같은 배는 어떨까.

단, 검은색을 사용한다거나 진하게 윤곽선을 그려선 안 돼. 네가 자유롭게 그릴 수 있게 이번엔 일부러 다른 사람이 그린 그림을 예로 들지 않았어.

**그림 비교하기** 모네가 아르장퇴유에 살 때 모네네 집에는 찾아오는 손님들이 많았어. 그러다 보니 여러 명의 화가가 동시에 모네네 집에 들르는 경우도 가끔 있었지.

다리 그림을 그린 1874년 여름에는 마네와 르누아르도 모네의 집을 찾아왔어. 원래 아틀리에 작업을 더 좋아하던 마네였지만, 이 날은 모네의 정원에 이젤*을 세워 놓고 모네네 가족을 그렸어.

풀밭에 있는 작은 나무 앞에 카미유가 앉아 있어. 카미유의 흰색 드레스가 풀밭 위로 넓게 펼쳐져 있고 그 옆으로 꼬마 장이 느른하게 누

마네가 그린
모네네 가족이야.

*이젤
그림을 그릴 때
그림판을 놓는 틀.

워 있어. 모네는 정원에서 잡초를 뽑거나 아니면 작은 나무를 손질하는 중인 것 같은데, 정확히 무얼 하는지는 잘 알 수 없어.

모네가 움켜쥔 빨간색 꽃은 아마 장미꽃인 것 같아. 손에 들고 있는 가위로 꽃을 잘라 내려던 참인가 봐. 빨간색은 카미유의 부채에서도 반복되고 있어. 그리고 정원 뒤편에 피어 있는 꽃들도 모두 빨간색이야. 양귀비 들판 그림(10쪽) 기억나니? 마네도 녹색 바탕에 보색인 빨간색을 대비시켰어. 아니 '빨강 얼룩을 찍은' 거라고 해야겠지. 그래서 그림 뒷부분이 밝게 빛나 보이는 거야. 그림의 앞쪽에는 점잔을 빼며 풀밭을 돌아다니는 수탉과 암탉이 나란히 서 있네.

마네가 정원에서 그림을 그리고 있을 때, 르누아르도 친구를 찾아왔어. 그런데 이 광경이 너무 마음에 들었나 봐. 르누아르는 모네에게 캔버스와 붓, 그리고 물감을 빌려 똑같은 장면을 그렸지. 하지만 당연히 마네와 똑같은 자리를 잡을 수도 없었고, 또 마네의 바로 옆자리에 붙어서 그리기도 싫었던 모양인지 르누아르는 다른 각도에서 카미유와 장을 그렸어.

그뿐 아니라 마네보다 훨씬 더 가까이에 자리를 잡았지. 마네의 그림에서 카미유 뒤에 있던 나무는 카미유의 오른쪽, 장의 머리 바로 뒤쪽에 서 있어. 그리고 카미유가 마네를 바라보고 있어서 이 그림에서는 시선이 왼쪽을 향하고 있는 거야. 수탉도 뜬금없이 오른쪽에서 두 사람을 향해 다가오고 있어. 암탉은 보이지도 않아.

하지만 가장 눈에 띄는 차이는 두 그림의 색채가 완전히 다르다는

거야. 그림을 그린 자리도 달랐고, 그림도 르누아르가 훨씬 더 나중에 시작했기 때문에 빛의 상태가 달라진 것이지.

르누아르도 기미유와 장을 그렸어.

    르누아르의 그림은 마네 그림에 비해 색채가 훨씬 밝고 녹색 계열도 다양하지. 그리고 풀밭을 그릴 때에도 르누아르는 노란색을 많이 사용했어. 장이 입은 옷 역시 푸른색 보다는 거의 흰색에 가까워 보이고, 카미유의 부채도 빨간색과 하얀색, 파란색이 감돌아 꼭 프랑스 국기 같은 색을 띠고 있어. 분명 두 화가 중 한 사람이 부채 색깔을 속인 것이 틀림없어. 그렇지 않다면 부채 색이 둘 다 똑같아야 하지 않겠

프랑스 국기

어? 이런 속임수야말로 인상파 화가들의 특징을 잘 보여 주지. 각각의 색이 갖고 있는 고유의 빛깔보다도 실제 자연 속에서 색이 어떻게 보이는가를 무척이나 중요하게 여겼거든. 두 그림에 나타난 부채의 색도 그림 전체의 색감과 잘 어울리는 걸 볼 수 있어.

르누아르 역시 윤곽선은 별로 중요하게 생각하지 않았어. 장의 옷소매에서 엄마의 드레스로 넘어가는 부분의 변화를 잘 살펴봐. 색이 서로 뒤섞여 있는 걸 알 수 있지? 그건 윤곽선을 또렷하게 그려서 인물과 사물 사이를 구분 짓거나 작은 것까지 세밀하게 그리지 않았기 때문이야. 르누아르가 무엇보다 중요하게 여긴 것은 햇살이 내리쬐는 정원의 분위기와 빛이었거든.

르누아르가 그린 그림엔 모네가 없어. 그사이 모네도 정원 일을 그만두고 그림을 그리고 있었거든. 모네는 한창 그림을 그리고 있던 마네를 그렸어. 그 그림은 지금 남아 있지 않지만 대신 조그마한 복사본이 여러 개 보존되어 있어. 그런데 복사본들마다 색채가 제각각이지 뭐니. 그래도 분명히 알 수 있는 건 풀밭의 녹색이 르누아르의 그림과 확연히 다르다는 거야. 모네도 그림을 그린 위치가 달랐고 르누아르보다 더 늦게 그림을 그렸기 때문이지.

# 4 물감을 만들어 보자

■ 수록 작품
**오귀스트 르누아르 〈아르장퇴유의 정원에서 그림을 그리는 클로드 모네〉**
1873년, 캔버스에 유채, 46x60cm, 코네티컷 주 하트퍼드, 워즈워스 아테네움 (58쪽)

**그림 도구**  르누아르가 아르장퇴유에 있는 친구 모네를 찾아 온 건 1874년이 처음은 아니야. 그 전해에도 여름 한철을 이곳에서 보내면서 모네와 함께 작업을 했어. 그리고 그때 정원에서 그림을 그리는 모네를 화폭에 담았지.

그림을 보자.(58쪽) 모네네 꽃밭과 정원을 가르는 울타리 앞에 한 화가가 서 있네? 잎사귀와 줄기가 아주 짙은 녹색이어서 활짝 피어 있는 빨강, 노랑, 하얀색 꽃들이 아주 도드라져 보여. 물론 르누아르도 꽃이나 잎사귀, 줄기를 다채로운 색깔의 얼룩으로 표현했지.

화가들은 이렇게 생긴 야외용 그림 도구 상자를 들고 시골로 갔어.

그런데 우리에게 좀 더 흥미롭게 다가오는 것은 르누아르가 그린 친구 모네의 모습이야. 모네는 야외에서 그림을 그릴 때면 언제나 어두운색 옷을 입었다고 해. 르누아르의 그림에서도 모네는 어두운색 옷을 입고 있어. 밝은색의 옷을 입으면 햇빛이 너무 강하게 반사되서 캔버스 위에 칠한 색들을 잘 구별할 수가 없었어.

이젤 아래에 놓인 상자도 보이지? 상자에는 주로 야외 작업을 하는 화가들에게 필요한 그림 도구를 넣었어. 상자 옆에 놓여 있는 우산으로는 색의 밝기를 조절했지. 햇빛이 강하게 빛날수록 색은 점점 더 밝아 보이기 마련이야. 그럴 때 이 우산을 펼쳐서 햇빛을 가리면, 그림에 그늘이 지면서 색을 너무 어둡게 고른 건 아닌지 알 수 있거든.

모네는 왜 그림 도구 상자를 갖고 다닌 걸까? 자신의 정원에서 그림을 그렸으니까 재빨리 집 안으로 들어가 이젤이나 붓, 그리고 물감들

모네의 친구 르누아르가 그림 그리는 모네를 그렸어.

을 갖고 나오면 될 텐데 말이야. 르누아르는 사실 이 그림으로 모네가 매우 현대적인 예술가라는 것을 나타내고 싶었던 거야.

  1873년까지도 야외에서 그림을 그리는 것은 좀 특별한 일이었어. 그 전까지 화가들이 야외에서 하는 작업이란 기껏해야 연필이나 백묵으로 밑그림을 그리는 정도가 전부였거든. 그런 다음 아틀리에로 돌아와서 기억에 담아 둔 풍경과 밑그림이 잘 어우러지게 그렸단다.

  사실 당시 화가들은 이젤과 물감을 들고 야외로 나간다는 건 생각하지도 못했어. 아주 간단한 이유 때문이었지. 물감을 단지와 그릇에 담아서 밖으로 들고 간다는 것이 여간 복잡한 일이 아니었거든. 물감을 쏟지 않고 옮기는 것은 물론이고 물감이 섞이지 않게 들고 가야 하는데 그걸 어떻게 할 수 있었겠어? 게다가 물감 값도 엄청나게 비쌌거든. 심지어 영국에는 야외에서 그림을 그리려고 물감 운반용 마차까지 맞춘 화가도 있었다고 해. 하지만 그 사람은 특별한 경우였지.

  그러다가 1841년에 처음으로 금속 튜브에 담긴 물감이 시중에 나왔어. 그때부터 야외에서 그림을 그리는 화가들이 점점 늘어나기 시작한 거야. 화가들은 파리를 벗어나 시골로 향했어. 그 시기에 때마침 열차가 발명된 덕분에 시골 여행도 한결 수월해졌거든.

  1849년부터는 기차로 파리에서 리옹까지 꽤 먼 거리도 다닐 수 있었어. 파리에서 리옹까지 가는 길은 퐁텐블로 숲을 가로질러 이어졌지. 퐁텐블로 숲은 모네가 아직 아이였을 때 활동했던 화가들 중에서 숲속에서 그림을 그리려는 사람들이 즐겨 찾는 곳이기도 했어.

  화가들은 주로 하루나 이틀만 시골에 머물렀어. 파리에서 60킬로미

웅황 (노랑)

토스카나산 진사 (빨강)

남동석 (파랑)

터 정도 떨어져 있었지만 열차를 타면 빨리 오갈 수 있었거든. 그뿐 아니라 금속 튜브가 나온 덕분에 그림 도구도 직접 들고 다닐 수 있었어.

그러면 다른 그림 도구들은 어떻게 갖고 다녔을까? 바로 여기에서 힌트를 얻은 한 회사에서 야외용 그림 도구 상자를 내놓았어. 마침 모네가 열심히 활동하던 시기였지. 그 제품이 바로 르누아르의 그림에 나오는 모네의 그림 도구 상자야. 이 상자는 물감과 붓, 적당한 크기의 캔버스, 사각 팔레트 그리고 접었다 폈다 할 수 있는 보조 의자까지 들어갈 정도로 공간이 넉넉했어. 게다가 상자에 장착된 다리를 빼내면 상자 자체를 이젤로 변신시킬 수 있었어. 너무나 실용적인 도구라는 건 두말할 필요조차 없지. 그림을 보면 이젤은 모네가 직접 집에서 가져온 것 같아. 그래도 그림 도구 상자가 있으니까 정말 편했을 거야. 물감과 팔레트가 이미 그 속에 모두 들어 있었으니까 말이야.

계관석 (주황)

아몬드나무 나뭇진
(라 팔마 섬)

**물감 만들기** 물감의 원료는 어떻게 생겼을지, 또 어디에서 구했는지 궁금하지 않니? 어떤 방법으로 그 원료들을 섞었을까? 대체 물감에는 어떤 물질들이 들어가 있을까?

물감을 만들려면 우선 색을 내는 원료가 필요하겠지? 색이 있는 흙이나, 특정한 돌, 또는 식물이나 동물성 물질도 원료로 쓰일 수 있어. 이것들을 곱게 간 것을 안료(顔料)라고 해. 그다음 필요한 것이 고착제인데, 물감을 끈적끈적하게 만들어서 종이나 캔버스에 잘 붙게 해 주는 물질이야. 우리 선조들은 반짝이는 기지를 발휘하여 꿀이나 달걀 등을 고착제로 사용했어. 버찌나무나 서양자두나무, 혹은 복숭아나무와 같은 이른바 핵과 나무의 나뭇진도 고착제로 쓰기에 안성맞춤이야. 침엽수 나뭇진과 달리 핵과 나무의 나뭇진는 물에 잘 녹는 데다 매우 투명해서 안료에 섞어도 색에 큰 변화를 가져오지 않거든.

고착제를 섞은 안료가 너무 딱딱해서 아직 그림을 그리기에 적당하지 않을 때, 필요한 것이 용제야. 용제는 딱딱하게 굳어 있는 것을 녹이는 역할을 해.

예를 들어 볼까? 수채화 물감을 팔레트에 짜 놓으면 딱딱하게 굳지? 팔레트에 굳어 있는 물감도 붓에 물을 묻히면 다시 사용할 수 있지. 이때 물은 용제가 되어 종이에 스며들었다가 마르지. 고착제는 앞에서 말했던 것처럼 일종의 접착제 역할을 한다고 할 수 있어. 때문에 물감이 팔레트에 붙어 있게 하고, 물을 묻혀 그리면 물감이 날아가지 않고 종이에 붙어 있게도 해 주거든. 고착제가 없다면 종이에 칠한 물감은 입김 몇 번에 다 날아가 버릴 수도 있을 거야.

물감을 만드는 기술자들은 물감을 만들 때 여러 가지 첨가물을 넣어. 물감을 좀 더 빨리 건조시키는 시커티브, 물감에 곰팡이가 생기는 것을 막는 곰팡이 방지용 첨가물 같은 것들 말이야.

안료의 원재료 중에는 가격이 매우 비싼 것들이 심심치 않게 있어. 너무나도 아름다운 파란색을 얻을 수 있지만 값이 엄청나게 비싼 청금석가루처럼. 그래서 지금은 화학 물질로 만들거나, 재료비가 비싼 안료는 첨가제를 넣어 양을 늘리기도 해. 이렇게 하면 적은 재료로 많은 물감을 얻을 수 있지. 하지만 대체로 명도가 조금씩 떨어지는 단점이

＊핵과 나무
열매 속에 씨가 들어가 있는 것으로, 그 씨를 단단한 핵이 둘러싸고 있어서 핵과 나무라고 한다.

＊나뭇진
나무가 분비하는 끈적끈적한 액체.

대자석
(남프랑스)

석회석
(엥힐엔)

적토
(엘바 섬)

점토 (독일)

있어. 그래서 기술자들은 저마다 자기 회사만의 물감 제조법을 발전시켜 왔어. 그 결과, 화가들은 여러 물감을 두루 사용해 보고 어떤 물감이 자신의 작업에 가장 잘 맞는지 선택할 수 있게 되었지.

그럼 빨강이나 파랑, 노란색 물감들은 어떤 색들이 모이면 나오는지 알아볼까? 이건 사인펜 실험을 해 보면 잘 알 수 있어. 실험을 하다 보면 마치 한 편의 마술 쇼를 보는 것처럼 느껴질 거야. 물론 네가 비밀을 말하지만 않는다면 말이야.

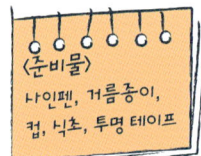
〈준비물〉
사인펜, 거름종이,
컵, 식초, 투명 테이프

여러 색의 사인펜으로 거름종이(커피를 거르는 거름종이가 가장 안성맞춤이야.) 위에 옆으로 나란히 점을 찍듯 그림을 그려 봐.

그리고 컵에 식초를 약간 부은 다음, 그 컵에다 거름종이를 넣어. 이때 거름종이는 식초에 살짝 닿도록 넣어야 해. 그런 다음 거름종이가 움직이지 않도록 유리컵 가장자리에 투명 테이프로 고정시키는 거야.

자, 이제 어떻게 변하는지 살펴볼까? 거름종이가 식초를 빨아올리면서 사인펜 얼룩 속에 숨어 있던 색들도 함께 빨아올리지. 그러면서 한 가지 색인 줄 알았던 색들이 다시 기본색으로 분리돼.

예를 들어 초록의 경우 노랑과 파랑이 나타나. 잠깐, 검은색 사인펜 쪽을 볼래? 다른 색보다 다채롭고 흥미로운 결과를 볼 수 있을걸!

## 요리조리 물감 만들기 비법 대 공개!

음식을 만들 때 요리법이 필요하듯 물감을 만들 때에도 비법이 있지. 내가 알고 있는 비법 두 가지만 살짝 공개할게.

비법 1 숲속에서 유화 물감 만들기!

1. 산이나 숲으로 나가서 빨갛거나 노랗거나 어쨌든 색깔이 있는 흙을 구해. 붉은 벽돌도 좋아.

2. 고착제로 쓸 나뭇진을 뽑아낼 만한 나무도 찾아봐. 그리고 그 나무의 주인이 나뭇진을 뽑아내도 좋다고 허락하면, 나무껍질에 칼집을 살짝 내고 거기서 즙이 나올 때까지 기다려.

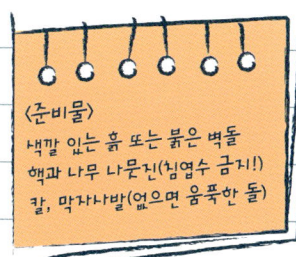

〈준비물〉
색깔 있는 흙 또는 붉은 벽돌 혹은 나무 나뭇진(침엽수 금지!) 칼, 막자사발(없으면 움푹한 돌)

3. 이제 막자사발에다 구해 온 흙덩이를 넣고 고운 가루가 될 때까지 빻아. 어떤 재료는 잘 빻아져서 쉽게 가루가 되는데, 어떤 재료는 너무 단단해서 가루로 만들기 정말 힘들 거야.

막자사발이 없으면, 움푹한 돌멩이 위에 흙덩이를 놓고 으깨도 돼. 흙덩이가 밀가루처럼 고와질 때까지 오래오래 빻는 게 가장 중요해. 친구링 룰부랄라 노래를 부르면서 빻아 보는 건 어떨까?

4. 나뭇진을 조금 덜어 물에 녹여서 고착제를 만드는 거야. 고착제와 다 빻은 흙가루를 섞어 봐.

고착제와 흙가루, 물을 어떤 비율로 섞느냐에 따라서 여러 종류의 물감이 나올 거야. 물을 너무 많이 넣으면 물기가 많고 엷은 물감이 되고, 나뭇진을 너무 많이 넣으면 그림을 그리고 나서 물감이 말랐을 때 조각

조각 떨어져.

색깔 흙을 너무 많이 사용해도 문제가 있어. 흙가루가 너무 많이 들어가면 고착제 효과가 떨어져서 종이에 붙어 있지 못하고 밀가루처럼 푸슬푸슬 날리거든. 조금씩 같은 비율로 섞으면서 네가 원하는 느낌으로 만들어 봐. 드디어 나만의 물감 완성!

비법2 집에서 유화 물감 만들기!

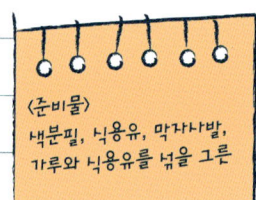

〈준비물〉
색분필, 식용유, 막자사발, 가루와 식용유를 섞을 그릇

1. 색분필을 잘게 부순 다음, 아주 고운 가루로 만들어.
2. 가루에 식용유를 한 방울씩 떨어뜨린 다음 매끈거리는 죽처럼 될 때까지 계속 젓는 거야. 마구 저을 때도 친구와 함께 노래를 부르면 좋겠다. 룰루랄라 룰루랄라! 유화 물감은 물에 쉽게 지워지지 않게 만들어야 한다는 걸 꼭 명심해! 정말 쉽지?

순서대로 따라 해 봐. 정말 쉬워!

내가 만든 물감을 튜브에 담아 야외로 나가자!

직접 물감을 만들어 보면 재미있긴 한데 힘도 많이 들어. 물감을 다 만들었으면, 야외에서 그림을 그릴 수 있도록 작고 쓰기 편한 튜브에 물감을 넣어. 튜브는 다 쓴 치약이나 작은 샴푸 통 등 욕실에서 나온 재활용품이 좋겠어. 우선 튜브의 밑부분을 자른 다음 물로 잘 씻어. 그리고 그 튜브에 물감을 채운 뒤 고무 밴드로 튜브 밑부분을 봉하는 거야.

사실, 미술 용품을 파는 가게에 가도 저렴한 가격에 안료를 구할 수 있어. 이 안료들을 사서 성질이 다른 고착제를 섞으면 여러 종류의 물감을 만들 수 있어. 아크릴 고착제를 섞으면 아크릴 물감(합성 나뭇진), 기름을 섞으면 유화 물감, 우유와 식초를 끓여서 만든 카세인 덩어리에 석회를 섞으면 카세인 물감을 만들 수 있지. 그리고 도배용 풀을 섞으면 수성 페인트, 달걀을 섞으면 템페라* 등 여러 가지 물감을 만들 수 있어.

*템페라
달걀 흰자 또는 노른자에 안료를 녹여 만든 불투명한 그림 물감.

유화를 그릴 때 알아 두면 좋아!

사용한 붓은 나중에 비누를 묻혀 따뜻한 물에 빨면 다시 깨끗해진단다. 시중에서 산 유화 물감은 테르펜틴 오일*이나, 붓 세척용 제품을 이용하면 붓을 더 깨끗하게 씻을 수 있어. 또 테르펜틴 오일 몇 방울 정도는 굳은 유화 물감을 녹이는 데에 사용할 수 있어.

*테르펜틴 오일
침엽수 나뭇진으로 만든다.

유화 물감은 다른 물감에 비해 명도가 훨씬 선명한데, 마르는 데에 시간이 오래 걸리는 단점이 있어. 그래서 참을성이 많이 필요하지. 잘 지워지지도 않아서 바닥이나 집 안 곳곳에 물감 자국을 내지 않도록 조심해야 해. 아니면 아무래도 상관없는 곳을 택해 그림을 그리던가.

다 만든 물감을 너만의 용기에 담아 봐.

# 5
## 모네의 정원으로 놀러 와

■ 수록 작품

클로드 모네 〈**모네의 베테유 정원**〉 1881년, 캔버스에 유채, 200x120cm, 워싱턴 국립미술관 (70쪽)
클로드 모네 〈**건초더미, 하얀 서리 효과**〉 1891년, 캔버스에 유채, 65x92cm, 에든버러 스코트랜드 국립미술관 (73쪽)
클로드 모네 〈**에프트 강기슭의 포플러나무**〉 1891년, 캔버스에 유채, 81.80x81.30cm, 에든버러 스코트랜드 국립미술관 (74쪽)
클로드 모네 〈**루앙대성당 주출입구, 파란색의 조화**〉 1893년, 캔버스에 유채, 91x63cm, 파리 오르세 미술관 (75쪽)
클로드 모네 〈**수련 연못**〉 1899년, 캔버스에 유채, 92x89cm, 런던 국립미술관 (77쪽)
클로드 모네 〈**수련 연못, 녹색의 조화**〉 1899년, 캔버스에 유채, 93x89cm, 파리 오르세 미술관 (79쪽)

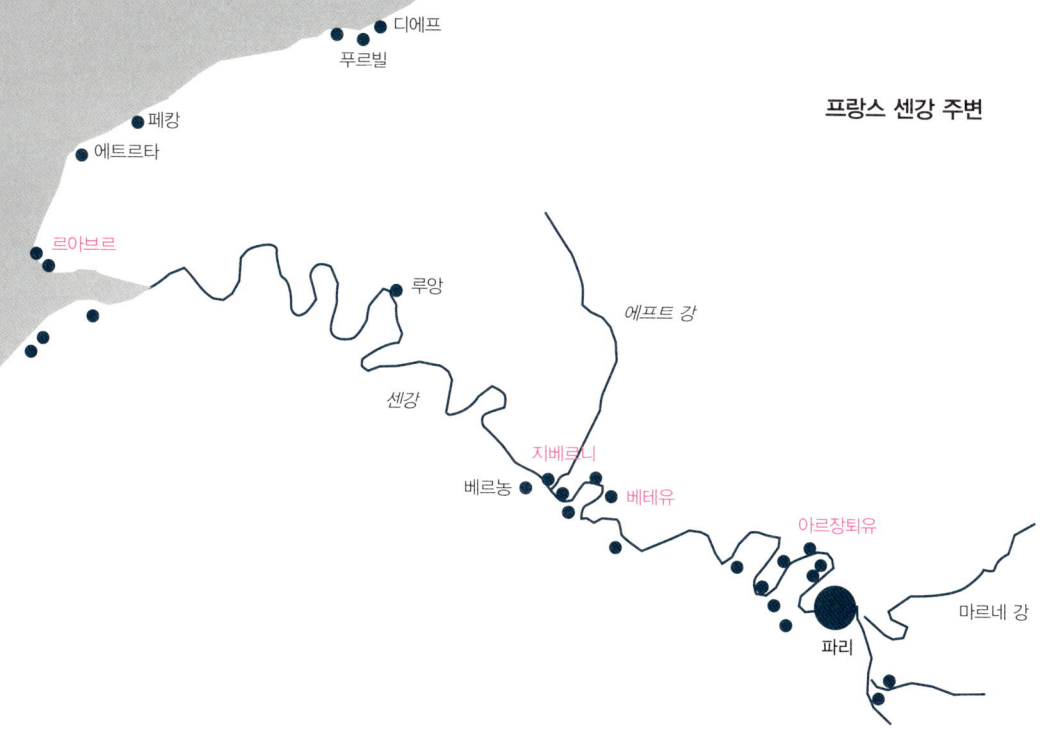

**지베르니** 아르장퇴유 시절, 모네는 많은 그림을 그렸어. 하지만 많은 사람들이 좋아해 주지는 않았지. 게다가 엎친 데 겹친 격으로 모네의 작품을 도맡아 거래해 주던 거래상이 자금 문제를 겪으면서 더 이상 모네를 후원해 줄 수 없게 되었지 뭐야. 런던에서 모네와 만난 이후로 줄곧 모네를 위해 일해 온 바로 그 미술품 거래상 말이야.

어쨌든 그 이후로 모네는 부자 친구들의 도움에 기대어 살아갈 수밖에 없었어. 그러다가 1876년, 다행히 돈도 많고 예술에 관심이 많은 한 사람을 만났어. 그 사람은 사들인 그림을 나중에 더 비싸게 팔려는 목적으로 모네의 그림을 자주 샀지. 그런 사람들을 일컬어 투기꾼이라고들 하는데, 에르네 호쉐데도 투기꾼 중 한 명이었어.

베테유 시절, 모네의 정원이야.

한때 호쉐데는 그가 소유하고 있던 파리 근교의 성에 모네를 초대하기도 했어. 그러나 계획성 없이 지나치게 운에만 의존한 나머지 일 년 뒤에는 그간 거두었던 수익금은 물론이고 소장하고 있던 그림들을 모두 팔아야 했지. 빚을 갚기 위해서 말이야. 당연히 모네도 더 이상 후원해 줄 수 없게 되었어.

모네는 우선 가족을 데리고 파리로 이사를 했다가, 그 다음엔 파리에서 아주 멀리 떨어져 있는 작은 마을 베테유로 옮겼어. 베테유는 파리보다 생활비가 훨씬 덜 들었거든.

잠시 파리에 머물던 무렵, 카미유와 모네 사이에 둘째 아들이 태어났어. 동생 미셸이 태어났을 때 장은 벌써 11살이었지. 하지만 둘째를 낳은 뒤 카미유는 그만 병이 들고 말았어. 그사이 예술품 투기꾼이었던 호쉐데의 아내 알리스 호쉐데가 아이들 여섯 명을 데리고 모네네 집으로 이사를 왔어. 호쉐데 부인 역시 빈털터리가 되어 갈 곳이 없었거든.

모네 가족이 베테유로 이사한 지 일 년 뒤인 1879년, 카미유가 세상을 떠났어. 겨우 32세의 나이로 세상을 뜨고 만 거야. 그때부터 알리스 호쉐데는 모네의 두 아들을 교육하는 일과 함께 집안일도 도맡아 했어. 그 무렵 모네는 거래상을 통하지 않고 직접 자신의 그림을 팔아 보려고 노력했고 말이야.

인상파 화가들은 1874년에 첫 번째 대규모 전시회를 연 이후 1879년까지 네 차례에 걸쳐 꾸준히 공동 전시회를 열어. 하지만 성공적인 전시회와는 항상 거리가 멀었지.

지베르니의
현재 모습
ⓒ 노성두

그런데 일 년 뒤, 한 예술 잡지의 사장이 자신의 사무실에 모네의 그림만 따로 전시를 하는 덕분에 작품 몇 점을 팔 수 있었어. 덕분에 형편이 나아지자 모네는 다시 센 강 유역에 있는 또 다른 도시로 이사를 하면서 몇 해 동안은 여러 곳에서 그림을 그렸지. 한마디로 여행을 많이 다녔던 거야.

모네의 아이들은 모네가 이사할 때마다 여전히 알리스 호쉐데의 보살핌을 받았어. 전에는 서로가 필요했기 때문에 함께 했던 두 사람은 세월이 지나면서 서로 사랑하는 사이가 되었어. 하지만 두 사람의 결혼은 알리스의 남편인 에르네 호쉐데가 사망한 지 일 년 뒤인 1892년에야 이루어질 수 있었어. 당시엔 이혼 절차가 엄청 복잡했거든.

1883년 모네와 알리스는 아이들을 모두 데리고 지베르니로 이사를 했어. 에프트강이 센 강으로 흘러드는 곳에 위치한 지베르니는 파리에서 북쪽으로 약 70킬로미터 정도 올라 온 곳에 있어. 베테유보다 파리에서 좀 더 떨어진 곳이지.

처음에는 세를 내어 집을 빌렸는데 1890년 즈음에 드디어 땅을 살 수 있었어. 그로부터 3년 뒤인 1893년에는 정원을 넓혀서 작은 개울과 연못도 만들었지. 그리하여 지금도 많은 사람들의 발길이 끊이지 않는 모네의 정원이 탄생한 거야. 그때 이후로 일본식 다리가 걸쳐져 있는

당시 프랑스에는 건초더미 아래에 곡식을 보관하는 풍습이 있었어.

연못에선 여름이면 어김없이 수련이 피어나지.

여러 해 동안 모네는 순간순간 받게 되는 인상을 더욱 잘 표현해 보려고 끊임없이 노력했어. 이미 오래전부터 모네는 빛이 계속해서 변한다는 걸 알고 있었어. 아침, 점심, 저녁 시시각각 변하는 빛에 따라 똑같은 색이라도 매번 완전히 다른 색처럼 보인다는 걸 말이야. 뿐만 아니라 계절에 따라 빛에 차이가 있다는 것도 알고 있었어. 한여름의 아침 햇살과 한겨울의 아침 햇살은 빛의 세기가 완전히 다르거든. 게다가 계절이 바뀌면서 자연 현상도 항상 변하지. 이런 현상에 깊은 관심을 갖는 다음부터 모네는 똑같은 대상을 여러 개의 캔버스에 담기 시작했어.

이 연작 가운데 첫 번째 작품이 '건초더미' 그림이야. 당시 프랑스는 어느 지방을 가든 건초더미 아래에다 곡식을 보관하는 풍습이 있었어. 건초는 곡식이 비를 맞지 않게 보호해 줄 뿐 아니라 강한 햇살도 피하게 해 주었지. 그래서 가을이면 추수를 끝낸 들판 여기저기에 커다란 건초더미들이 세워져 있는 것을 볼 수 있었어. 모네는 이 풍경을 여러 개의 캔버스에 그렸어. 각 그림마다 다른 순간의 인상을 담아낸 거지. 결국 모네는 다양한 건초더미가 등장하는 유화 스물다섯 점을 완성했단다.

같은 해인 1891년, 모네는 강가에 있는 15그루의 포플러나무도 그렸어. 그리고 이듬해인 1892년과 1893년, 두 해에 걸쳐 루앙대성당의 장면을 담은 풍경 그림 서른 점이 이어졌지.

에프트 강가에 있는 포플러나무

시간과 날씨를
다르게 하여
루앙대성당을 그렸어.

**수련 그림**  1895년, 모네는 정원에 일본식 다리를 세웠어. 그로부터 몇 년 지나지 않아 모네의 정원에 있는 일본식 다리를 그린 연작이 탄생했지. 스무 점이 넘는 대작이었어. 다리 그림들은 시간대와 계절을 각각 달리하여 그렸을 뿐인데 각 그림마다 완전히 다른 풍경처럼 보여. 모두 같은 자리에 서서 같은 곳을 그린 그림들인데 말이야.

개울 위로 둥근 다리가 걸려 있어. 개울을 넓혀 연못을 만든 곳인데 여름이면 이 연못 위로 수련이 활짝 피고는 해. 연못 기슭에는 어지럽게 자라난 나무와 풀들이 있어서 이것들이 바로 수련 그림의 배경을 이루고 있어.

연작 그림 중에는 다리가 여러 가지 색으로 빛나는 장면을 포착한 작품도 있어. 옆에 있는 그림을 보면 난간의 색이 밝은 파랑에서 좀 더 어두운 파랑으로 가다가, 그 다음엔 도리어 하얗게 변하는 걸 볼 수 있어. 하지만 다리의 바닥은 녹색과 파란색이 한데 섞여 있지.

나무와 덤불들은 연녹색이나 노랑을 띠고 있는데, 마치 막 꽃이 피어난 것 같아. 물 위는 온통 수련으로 뒤덮여 있어. 연잎은 녹색보다는 오히려 흰색이 감돌고, 연꽃도 하얀색과 분홍색으로 한데 어우러져 있지. 아주 환하고 정감이 도는 그림이야.

또 다른 작품은 전체적으로 녹색이 강한 그림이야.(79쪽) 이 그림에 나오는 다리는 앞의 그림과 달리 흰색을 거의 찾아볼 수가 없어. 파란색도 녹색에 아주 가깝고. 배경을 이루는 나무와 수풀들도 노란색이 약간씩만 섞여 있고 대부분 녹색이야. 수련 꽃봉오리는 이제 분홍색보다 연보라색에 훨씬 가깝고, 흰색은 눈에 거의 안 띄게 아주 조금씩만

푸른색의 수련 연못

들어가 있어.

 물론 두 그림 모두 여러 가지 색의 물감이 셀 수 없이 펼쳐져 있어. 여기 한 점, 저기 한 점씩 무수히 많은 색을 찍어 놓았는데 전체적으로 보면 녹색처럼 보이는 거지. 이 녹색의 연못 그림은 푸른색의 연못 그림보다 좀 더 차분한 분위기야. 정원이 아니라 마치 정글 속에 있는 것 같은 인상을 더 많이 주지.

 모네는 다리만 그린 게 아니었어. 특히 수련을 많이 그렸어. 점점 더 크기가 큰 작품들을 그리다 보니 그림에 들어가는 물감의 양도 점점 많아졌지. 그리고 모네는 추상적으로, 그러니까 눈에 보이지 않는 대상은 절대로 그리지 않았어. 그런 건 다른 젊은 화가들에게 맡겼어.

 이렇게 점점 그림의 크기가 커지자 모네는 새로운 아틀리에가 필요했어. 모네는 지베르니에 여러 채의 집을 갖고 있었어. 이미 본채와 안채에 제1아틀리에가 둥지를 틀고 있었고, 온실 옆에 제2아틀리에가 있었지. 하지만 대형 작품을 그리기 위해 현재 정원 출입구 바로 곁에 수련 아틀리에를 지었어.

 이 아틀리에 옆으로 아주 가지런하고 관리가 잘된 정원이 이어져 있는데, 파리로 가는 철로가 정원을 가로지르고 있어. 그 철로의 건너편에 수련 연못과 일본식의 다리를 갖춘 모네의 수상 정원이 있지. 위에서 보면 철로 때문에 정원이 서로 나뉜 것처럼 보이지만 실은 철로 아래로 두 정원을 서로 연결해 주는 지하도가 나 있어. 모네는 아마 기차가 오는지 살펴본 뒤에 철로 위를 뛰어서 건너갔을 거야. 지금 같으면 기차가 가로질러 다니는 곳에 정원을 만드는 사람은 아무도 없을 거

녹색의 수련 연못

야. 그러나 당시에는 많은 사람들이 새로운 기술에 열광하며 기차 소음 따위는 신경 쓰지 않았거든. 게다가 지금처럼 기차가 많이 다니지도 않았고 말이야.

나이가 들자 모네는 수련 아틀리에서 작업한 대형 수련 연작을 프랑스 국가에 기증했어. 파리에 있는 오랑주리 미술관에서는 이 작품들을 위해 2개의 전용 전시실을 만들어 옮겨 놨지.

미술관 1층에 가 보면 타원형의 전시실 두 곳에서 〈님페아〉라고 하는 모네의 대형 연작을 볼 수 있어. 님프란 그리스 신화에 나오는 숲의 요정들이야. 숲에 살면서 숲속의 호수와 연못에서 목욕도 하고 춤도 추고 놀기도 하는 존재들이지. 놀랍도록 아름다운 모습이지만, 인간에게 절대 얼굴을 보여 주지 않는대. 그런데 이 님프들이 프랑스에서 가장 아름다운 수초인 수련에 자신들의 이름을 붙여 준 거지.

모네는 여러 빛깔의 갖가지 수련을 모두 화폭에 담았어. 그래서 〈님페아〉 전용 전시실 한가운데에 서 있으면 정말로 호수 위에 있는 것 같은 느낌이 들어. 모네도 사람들이 그런 느낌을 받길 바랐기 때문에 그림을 어떤 순서로 걸어야 할지도 꼼꼼하게 정해 주었지.

그림들이 전시실에 완벽하게 자리를 잡기까지는 여전히 할 일이 많았어. 하지만 모네는 앞이 거의 보이지 않을 만큼 늙고 병들어 있었어. 결국 1926년 12월 5일 모네는 86세를 일기로 세상과 작별을 고했단다. 그리고 이듬해인 1927년 5월, 마침내 오랑주리 미술관의 두 전시실이 문을 열었고 오늘날까지 많은 사람들의 사랑을 받고 있지.

**찢어 붙이기 그림** 수련 연작은 대부분 아주 크기가 큰 작품들이어서 그림을 보려면 자연스레 뒤로 몇 걸음쯤 물러서게 돼. 또 그럴 수밖에 없고. 가까이 다가가서 보면 온통 거친 붓질밖에 보이지 않으니까 어느 정도 간격을 둬야만 무엇을 그린 건지 알 수 있거든. 거친 붓질이 한 발짝씩 물러날수록 수련과 연못, 다리와 수풀, 나무들로 그 정체를 드러내지.

윤곽선이 없으니까 당연히 가까이서 보면 더 알아보기 힘들어. 게다가 색을 표현할 때도 여러 색의 물감을 마구 겹쳐 칠해서 표현하기 때문에 무엇을 그렸는지 구별하기가 매우 어려워. 그림 속에 대부분을 차지했던 초록색과 파란색 계열이 분홍색이랑 대조되어 더더욱 두드러져 보이는 것도 기억할 거야.

너희도 알다시피 모네는 다리 그림을 많이 그렸어. 여러 해에 걸쳐 시간대별로 다양하게 변하는 빛 가운데 서 있는 다리의 모습을 그렸지. 그러면서도 늘 새로운 방식으로 색을 섞어 보는 실험을 하곤 했어. 여러 가지 색상의 물감이 아니라 단 몇 가지 색상의 물감만 갖고 이리저리 실험했지. 모네가 친구에게 보낸 한 편지에는 색에 대한 모네의 생각이 담겨 있단다.

편지에서 모네는 무엇보다도 색을 어떻게 사용하는 지가 가장 중요하다고 말하고 있어. 색의 선택은 단지 습관과 어느 정도 관계가 있을 뿐이라는 거지. 자신은 백연색(연회색), 카드뮴 황색(금색), 진사 적색(주홍색), 서양꼭두서니 적색(자주색), 코발트블루(청색), 그리고 크롬옥시드 그린(녹색)의 물감만으로 그림을 그렸다고 해. 나머지 색은 모두

이 색들을 팔레트에서 섞어서 만들었대.

아르장퇴유에서 그린 그림들에서 보았듯이 모네는 색에 관한 고정관념에서 벗어나 있었어. 사물이 자연으로 나와 떨어지는 빛을 받으면 그 빛을 다시 반사시킨다는 걸 잘 알고 있었던 거지. 그렇기 때문에 빛의 상태에 따라 눈에 보이는 색도 변한다는 걸 말이야. 따라서 다리라고 해서 항상 갈색이란 법도 없고, 해라고 해서 늘 노란색이라는 법도 없고, 물도 언제나 파란색은 아니라는 거지.

양귀비꽃 그림(10쪽)과 아르장퇴유의 다리 그림(34쪽)을 보면서 우리는 똑같은 사물이라도 자연에서 실제로 대하는 색과 그림에서 보는 색이 똑같지 않다는 걸 알 수 있었어. 또 뮌헨 올림픽 주 경기장 사진(36~37쪽)에서도 시간과 날씨에 따라 색이 변하는 걸 볼 수 있었고 말이야.

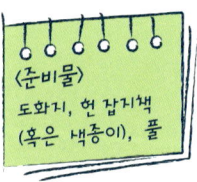

헌 잡지책을 이용해서 찢어 붙이기 그림(모자이크)으로 모네의 일본식 다리를 만들어 보자. 찢어 붙이기는 퍼즐 맞추기처럼 아주 재미있어. 게다가 색을 빨리 찾아내는 것도 배울 수 있어.

종이를 붙이기 전에 제일 먼저 할 일은 종이를 충분히 찢어서 색깔별로 모아 두는 거야. 그런 다음 연필로 연하게 다리 모양의 밑그림을 그리고, 그 위에 모아 둔 종잇조각들을 붙이면 돼.

찢어 붙이기로는 윤곽선을 정확하게 지키면서 붙일 수가 없어. 그래서 멀리

종이조각을 붙여서 모네의 정원을 만들어 봤어.

서 봐야 다리의 모습을 제대로 알아 볼 수 있는 거야.

모네와 다른 인상파 화가들이 유화로 했던 작업을 이제 네 손으로 해낸 거야! 멀리서 관찰해야만 색들이 서로 어울려 형체를 알아볼 수 있으니까 말이야.

모네는 오래 산 덕택에 비웃음을 받던 인상파가 하나의 예술 사조로 인정받아 가는 걸 볼 수 있었어. 그리고 남은 생애 동안 화가로서 명성도 누릴 수 있었지. 그리고 인상파의 경험과 기법에 영향을 받은 친구나 젊은 화가들이 인상파 기법을 이용해서 새로운 방식으로 작품을 만들어 내는 것도 볼 수 있었어. 이 젊은 화가들도 윤곽선을 또렷하게 그리지 않는다는 특징은 그대로 갖고 있었지.

지금도 인상파 느낌의 그림들이 계속 나오고 있어. 인상파가 발전시킨 화풍이 현재까지도 이어지고 있는 거야.

# 6

## 모네에게 부치는 인사

■ 수록 작품
조르주 쇠라 〈**옹플뢰르 항구의 입항 모습**〉 1888년, 캔버스에 유채, 54x65cm, 펜실베니아 주 메리온 바르네스 콜렉션 (88쪽)
조르주 쇠라 〈**그랑드자트 섬의 일요일 오후**〉 1884~1886년, 캔버스에 유채, 205.7x305.8cm, 시카고 아트 인스티튜트 (92쪽)

**점묘 화가** 모네가 여러 인상파 화가들과 공동 전시회를 열었을 때, 전시회에 참여한 화가들 중에는 모네보다 훨씬 더 젊은 화가들이 많이 있었어. 그중 한 사람이 조르주 쇠라(Georges Seurat 1859~1891)였는데, 모네와는 약 스무 살 정도 차이가 났어.

그림을 배우다가 2년 만에 독학의 길로 들어선 쇠라는 일찍부터 색채와 관련된 새로운 지식들에 관심을 가졌다고 해. 다른 화가들의 그림을 자세히 살펴보면서 물리학자와 화학자들이 쓴 색과 관련된 책들도 열심히 읽었지. 그래서 결국 조그만 물감 반점들을 옆으로 나란히 놓으면(이렇게 나란히 놓는 걸 병치라고 해) 한 가지 색으로 겹쳐 보인다는 것을 알게 되었어. 게다가 이렇게 나란히 놓인 작은 물감 반점들은 가만히 보고 있으면 고요함과 평정심도 느낄 수 있었지. 쇠라의 그림은 인상파 화가의 그림과는 또 다른 인상을 불러일으켰단다.

하지만 쇠라와 그의 친구들이 그린 그림들은 사실 인상파를 모르면 나올 수 없었던 그림이었어. 때문에 사람들은 이 화가들을 새로운 인상파라는 의미에서 신인상파라고 불렀어. 또 이들의 그림이 많은 색점들을 병치시켜서 그림을 그렸기 때문에 점을 찍어서 사물을 묘사했다는 뜻에서 점묘 화가라고도 부르기도 했지.

쇠라는 그림을 그리기 위해 해마다 바다를 찾았어. 센강이 바다로 흘러드는 르아브르에서 아주 가까운 곳에 옹플뢰르라는 곳이 있지. 여기서 쇠라는 배가 들고나는 옹플뢰르 항구의 모습을 그렸단다.

쇠라의 그림을 좀 살펴볼까? 앞쪽에 항구를 둘러싼 담이 보여. 그 위로 배를 매어 놓는 십자가 모양의 기둥이 있지. 그런데 기둥 아래쪽으

쇠라의 그림은 순전히 작은 색섬으로만 이루어져 있어.

로 그림의 테두리가 그려져 있어서 십자 모양의 기둥이 약간 생뚱맞아 보이기도 해. 담 너머로 시원하게 펼쳐진 바다가 눈에 들어와. 앞쪽에서 파란색을 띠던 물색은 뒤로 가면서 녹색이 되다가 수평선에 이르러선 아주 밝은색이 돼.

오른쪽에 비죽이 튀어나와 있는 건 육지의 끝자락이고, 그 위에 등대와 집이 몇 채 보여. 그 뒤로 얼핏 보면 거대한 돛단배의 돛대처럼 보이는 전신주가 세워져 있지.

그림 왼쪽 가장자리에 보이는 것은 항구를 둘러싼 담의 일부이거나, 항구의 또 다른 축대라는 걸 알 수 있어. 축대 너머 뒤편으로는 아득히 멀리, 아주 희미하지만 또 다른 해안가가 보여.

항구에는 몇 척의 돛단배들이 있는데, 지금 막 항구로 들어온 배도 있을 거고, 바다로 나가는 배도 있을 거야. 더 뒤쪽에는 증기선에서 뿜어져 나온 연기가 하늘 높이 올라가고 있어. 하늘은 연하늘색에서 흰색으로 변하다가, 위쪽의 테두리에 다다르면서 점점 더 파란색을 띠고 있어.

쇠라는 그림의 가장사리에 가느다랗게 테두리를 그려 넣었어. 테두리는 한 가지 색으로 고정되어 있지 않고 각 테두리마다 색이 달라. 왼쪽 위편은 주로 빨간색, 오른쪽은 녹색, 특히 아래쪽은 파란색이 두드러지지.

놀라운 건 그림이 주는 고요함이야. 이 그림을 보면 배가 움직이면서 물결이 찰랑댄다고 느끼거나, 뚜우 하고 증기선이 내는 경적 소리나 배의 모터 돌아가는 소리가 들리는 것처럼 활발한 느낌보다는 조용한 느

색점들은 같은 색이 거의 없을 정도로 모두 다른 색을 띠고 있어.

낌이 더 들 거야. 프랑스 북부의 햇살 때문에 색채가 조금 연해 보이긴 하지만, 그만큼 더 맑고 밝게 빛나게 하지. 쇠라가 이 그림에서 중요하게 생각한 것은 무엇보다도 바로 빛이었거든.

  쇠라는 이 모든 것들을 전부 점으로 묘사하는 기법을 썼어. 쇠라가 색을 내기 위해 어떻게 했는지 궁금하지 않니? 이 궁금증을 풀려면 그림에 코를 바짝 대고 아주 자세히 그림을 들여다 봐야 하는데, 이게 생각처럼 쉬운 일이 아니란다. 대부분의 미술관들이 너무 가까이 보는 걸 허락해 주지 않거든. 책에 그림이 실려 있긴 하지만 돋보기를 들이대지 않는 한, 책에 실린 그림으로 점묘화의 비법을 모두 알아보는 건 힘들어. 돋보기도 일반 돋보기가 아니라 실을 한 올 한 올 세어 직물의 품질을 결정하는 섬유 확대경이라는 아주 특수한 돋보기가 있어야 해. 어쨌든 섬유 확대경이 있다면 책에 실린 그림이라도 좀 더 자세히 볼 수는 있어.

초록색으로 보이는 곳에 돋보기를 대 보면, 유독 노란색이 엄청나게 많이 있는 걸 볼 수 있어. 파란색 물감과 빨간색 물감을 섞으면 보라색이 나온다는 건 너도 잘 알거야. 하지만 쇠라의 그림에선 팔레트에서 색을 섞는 것이 아니라, 우리의 눈이 팔레트 역할을 대신 하지. 어떻게 그럴 수 있냐고? 정확한 건 조금 있다가 알게 될 거야.

인상파라는 이름을 붙여 준 〈해돋이, 인상〉이라는 그림(43쪽) 기억나지? 그 그림에 나오는 르아브르 항구는 옹플뢰르 바로 건너편에 있는 항구야. 모네는 쇠라처럼 작은 점이 아니라 큼직큼직한 붓질을 살려서 그림을 그렸어.

물 위에 반사된 태양이 반짝이며 잔잔한 물결을 그대로 드러내지. 이 장면은 아마 태양이 더 높이 떠오르거나, 파도가 거세어지는 순간, 아니면 반대로 더욱 잠잠해지는 순간마다 완전히 다른 모습으로 변할 거야. 이런 장면 말고 다른 장면도 한번 생각해 봐. 바다에 갑작스레 소낙비가 내리는 건 어떨까. 이쨌든 해가 떠오르는 장면도 더욱 여러 가지로 생각할 수 있겠지. 그렇다고 해도 모네가 그린 것은 다시 돌이킬 수 없는 한순간이었을 뿐이야.

해돋이, 인상

옹플뢰르 항구는 르아브르 항구와 비슷한 위치에 있지만 쇠라는 점묘 기법을 통해 완전히 다른 순간을 표현할 수 있었어. 쇠라의 그림에선 모든 것이 얼어붙은 것처럼 굳어 있어서 현실이라기보다는 꿈을 옮겨 놓은 것처럼 보여.

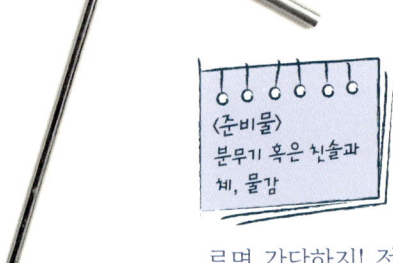

픽사티브(정착액)
스프레이

〈준비물〉
분무기 혹은 칫솔과
체, 물감

참을성만 있으면, 너도 물론 점묘화에 도전할 수 있어. 조금 더 손쉽게 하고 싶다면, 작은 점들을 일일이 붓으로 찍는 대신 스프레이처럼 뿌려도 괜찮아. 칫솔을 체에 대고 문지르면 간단하지! 점의 크기가 고르게 나오는 픽사티브(정착액) 스프레이를 이용하는 것도 좋은 방법 가운데 하나야.

색점이 가장 잘 섞인 것처럼 보이게 하려면 원색처럼 기본색을 사용하는 게 좋아. 먼저 도화지 위에 빨간색을 뿌리고 나서 그 위에 노란색을 뿌려 봐. 그걸 벽에 붙여 놓고 뒤로 물러서서 보면, 그 색점들이 서로 섞여서 주황색처럼 보여. 이런 효과를 눈이 색을 섞는다고 해서 시각적 색상 혼합이라고 해.

쇠라가
일요일 한낮에
휴식을 즐기는
사람들의 모습을 그렸어.

**순간을 그린 화가들** 우리가 인상파 화법이나 점묘파 화법이라고 부르는 그림 기법들은 지금으로부터 백 년도 훨씬 더 전에 나온 기법들이야. 그때 이후로 예술 분야에는 많은 변화의 바람이 불었지. 하지만 지금도 여전히 어떤 방식으로든 순간을 그림에 담아내려는 화가들이 있고, 또 점묘 화가들처럼 무수히 작은 점들을 병치해서 그리는 화가들도 있어.

그중 한 사람이 크빈트 부흐홀츠(Quint Buchholz 1957~현재)야. 부흐홀츠는 그림뿐 아니라 어린이책도 쓰고 삽화도 그려. 아마 너도 부흐홀츠의 그림이 실린 책 한두 권쯤은 읽었을 거야.

크빈트 부흐홀츠는 벌써 여러 해 동안 점으로 구성된 그림을 그려 왔어. 점묘 화가들처럼 말이야. 하지만 점묘 화가들의 방식을 그대로 받아들이지는 않았어. 그림을 비교해 보면 이것을 잘 알 수 있을 거야.

크빈트 부흐홀츠의 그림책 『순간 수집가』(2021년 보물창고)를 보면 쉽게 감상할 수 있겠구나. 이 책은 보고 있으면 희한한 일들이 벌어지는 그림을 그리는 한 화가와 그를 따르는 남자아이에 관한 이야기책이야.

크빈트 부흐홀츠가 이 그림책에서 나타내려는 것은 꿈의 순간이야. 누구나 꿈을 꾸지만 그 누구도 다른 사람과 같은 색을 꿀 수는 없는 그런 꿈의 순간 말이야. 이와 반대로 모네가 잡아낸 것은 꿈이 아닌 평범한 일상의 순간이었지. 바로 그 한순간에 자신이 본 것을 그림으로 그린 거야.

크빈트 부흐홀츠의 그림은 셀 수 없이 많은 점들로 이루어져 있어. 하지만 쇠라의 그림처럼 색점들의 색깔이 서로 다르진 않아. 부흐홀츠

아틀리에에 있는 크빈트 부흐홀츠

가 어떻게 점들을 이용해 그림을 그릴지 궁금하지 않니? 궁금증을 풀어 보려고 직접 부흐홀츠의 아틀리에로 가서 어떻게 작업을 하는지 물어보았지.

그림을 시작하기 전에 부흐홀츠는 우선 여러 가지 스케치를 그려 본다고 해. 그리고 정말로 작품을 해도 되겠다는 확신이 생기는 스케치가 나오면, 그 다음에 작업을 시작한대.

부흐홀츠는 자신의 작업이 어떤 단계를 거쳐 완성되는지 보여 주기 위해 하나의 그림을 여러 개의 단면으로 나누어 설명해 주었어.(97쪽)

제일 먼저 하는 작업은 그리고자 하는 것의 밑그림을 그리는 거야. 밑그림은 연필로 그려. 그 다음엔 이 연필 밑그림 위에 펜 작업을 해. 첫 번째 두 개의 단면이 바로 이 단계를 나타낸 거야.

이제 보드지 위에 파라필름을 붙여. 파라필름은 일종의 비닐판 같은 건데 그림과 같은 크기로 붙여야 해. 필름에서 색이 입혀질 부분만 잘라낸 뒤, 이 부분에 픽사티브(정착액) 스프레이를 뿌려. 이때 중요한 것은 스프레이의 강도를 잘 조절해서 뿌려야 한다는 거야. 파라필름의 모양이 변화를 거듭하는 동안 좀 더 밝거나, 좀 더 어두운 면들이 생겨나지(단면 3~8까지가 여기에 해당해).

그럼 이제부터는 아주 가느다란 제도용 펜과 물감으로 표면을 매끄럽게 다듬고(단면 9~10), 나머지 여백에 제도용 펜을 이용해 한 점 한 점 그려 넣는 거야(단면 11부터). 조약돌 부분처럼 하얀색에 가까운 아주 밝은 부분은 스크레이퍼\*로 긁어낸 뒤 그 위에 밝은색을 한 번 더 입혀. 그 다음 마지막으로 픽사티브 스프레이로 그림에 정착액을 뿌려

\*스크레이퍼
정밀하게 다듬는
데에 쓰는 칼.

정착시키지.

  시간도 오래 걸리고 지루할 것 같다고? 맞아. 실제로 그래. 그림 한 점이 나오려면 4주 정도의 시간이 필요하대. 물론 아이디어를 생각해 내고, 여러 장의 밑그림을 그리는 시간은 빼고 말이야. 부흐홀츠는 이런 '느림'을 아주 중요하게 생각해. 느리게 작업하다 보면 원래 생각했던 형상들이 처음과 다르게 변할 수도 있고, 그렇게 변하면서 나름대로 생명력을 갖고 삶을 펼쳐 나가기 때문이래.

  이와 같이 크빈트 부흐홀츠는 점묘 화가들(혹은 신인상주의 화가들)에게 뿌리를 두고 있긴 하지만, 완전히 다른 그만의 세계를 만들었다고 할 수 있어. 인상주의의 특징인 순간, 즉 한 번 날아가면 다시 오지 않는 눈 깜짝할 순간이 부흐홀츠의 작품에서는 얼어붙은 듯 정지된 순간처럼 표현된 거야.

  방금 우리는 신인상주의 화가에게서 창작 활동의 자극을 받은 크빈트 부흐홀츠라는 화가를 알게 되었어. 그런데 우리와 같은 시대를 살아가는 화가들 중에 인상파 화가들에게 매료되어 영향을 받은 화가들은 사실 훨씬 더 많단다. 모네 이후 100여년의 시간이 지나는 동안 대상을 보고 그리는 것에서 벗어난 추상적인 그림들이 등장했어. 더불어 인상파 기법과 추상화 기법을 같이 쓰는 현대 화가들도 나타났어. 다양한 시도 끝에 새로운 것들이 자꾸 생겨나는 거지.

  우리도 재미있는 시도를 해 볼까?

크빈트 부흐홀츠의 작업 과정을 보여 주는 그림이야.

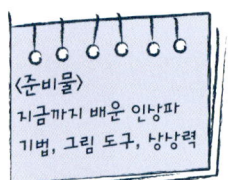

〈준비물〉
지금까지 배운 인상파 기법, 그림 도구, 상상력

원시림 속의 앵무새 그림(19쪽) 아직 기억하지? 녹색 얼룩을 동물들이 사는 원시림으로 바꾸었던 걸 이번에는 완전히 다르게 한번 해 볼까?

빨간색 물감을 때로는 진하게 때로는 연하게 만들어 그걸 녹색 그림에다 얼룩얼룩 붓으로 찍어 보는 거야.

자, 어디 한번 해 봐. 그냥 단순한 얼룩인 것도 같고, 양귀비꽃인 것도 같은데? 아니면 수련인가?

얼룩을 보면서 어떤 형태를 찾아내었든, 얼룩과 물감밖에 아무것도 찾아내지 못하였든 그건 상관없어. 굳이 그 얼룩이 무얼 그린 건지 알아맞히려 하지 말고 그냥 그 빨간 얼룩들이 녹색 바탕과 어울려 얼마나 멋진 그림이 되었는지 그것만 보는 게 훨씬 더 좋을 것 같아.

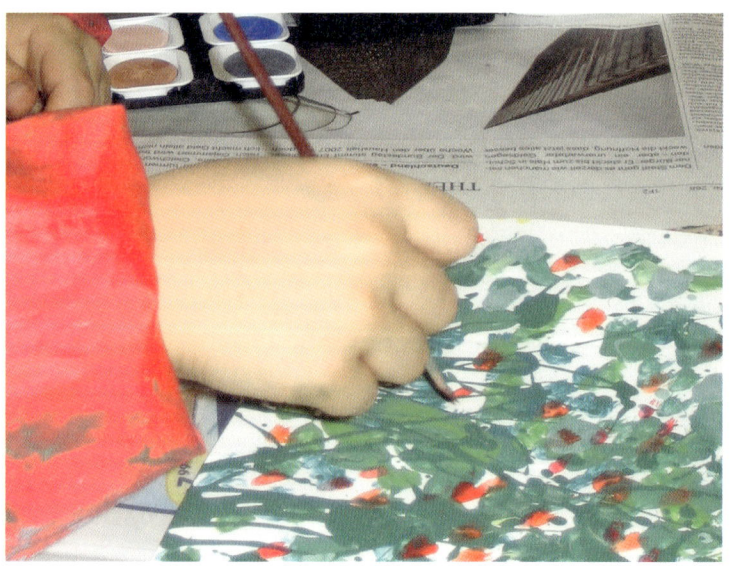

# 부록

1. 클로드 모네의 발자취
2. 모네의 정원에 놀러 온 화가들
3. 미술관에 놀러 가요

지베르니 ⓒ 노성두

## 클로드 모네의 발자취

1840년   11월 14일 파리에서 태어나다.
1845년   즈음 가족들이 르아브르로 이사하다.
1856년   즈음 캐리커처 작품들을 내놓기 시작하다.
1857년   어머니 사망.
1858년   야외에 직접 나가 풍경화를 그리기 시작하다.
1860년   파리에서 미술 공부를 시작하다.
1861년   군에 입대하다.
1862년   파리에서 미술 공부를 하다.
1865년   첫 번째 성공을 거두다.
1866년   카미유 동시외와 사귀며 〈녹색 옷을 입은 카미유〉를 그리다.
1867년   아들 장이 태어나다.
1868~69년   파리를 벗어나 파리 인근에 살다. 오귀스트 르누아르 등의 화가들과 처음으로 그림 그리기 나들이를 하다.
1870년   카미유와 결혼하였으나 전쟁 때문에 혼자 영국으로 건너가다.
1871년   파리로 다시 돌아와, 아르장퇴유로 이사하다.
1874년   파리에서 첫 번째 인상파 화가전을 열다. 전시회에 참여한 화가들에게 한 비평가가 모네의 작품 〈해돋이, 인상〉의 제목을 빌어 인상파라는 이름을 붙여 주다.
1876년   두 번째 인상파 화가전이 열리다.
1877년   세 번째 인상파 화가전이 열리다.

1878년  둘째 아들 미셸이 태어나고, 부인 카미유가 병들다. 엘리스 호쉐데와 더불어 베테유로 이사하다.

1879년  카미유가 세상을 뜨다. 네 번째 인상파 화가전이 열리다.

1880년  첫 개인전을 열다.

1881년  여러 점의 그림을 팔다. 포아시로 이사하다.

1882년  일곱 번째 인상파 화가전이 열리다.
(모네가 다시 전시회에 참가하다.)

1883년  지베르니로 이사하다.

1886년  여덟 번째이자 마지막 인상파 화가전이 열리다. 모네의 작품 중개상인 뒤랑뤼엘을 통해 뉴욕에서 처음으로 성공적인 인상파 화가전을 치르다.

1890년  지베르니에 집을 구입하다.

1892년  엘리스 호쉐데와 결혼하다.

1893년  지베르니에 정원 확장 공사를 하다.

1895년  정원에 일본식 다리를 세우다.

1897년  수련 연작을 계획하다.

1901~1902년  연못이 있는 정원을 개조하다.

1904년  전시회가 큰 성공을 거두다.

1908년  눈병이 시작되다. 베니스로 여행하다.

1911년  엘리스 호쉐데가 사망하다.

1915년  수련 연작을 위해 세 번째 아틀리에를 짓다.

1922년  프랑스 국가에 대형 수련 연작을 기증하다.

1923년   안과 수술을 하다.

1926년   12월 5일, 클로드 모네 세상을 떠나다.

1927년   파리에 있는 오랑주리 미술관에 대형 수련 연작의 전용 전시실
　　　　이 열리다.

베니스 산 마르코 광장에서
모네와 엘리스, 1908년

## 모네의 정원에 놀러 온 화가들

오귀스트 르누아르
[Auguste Renoir 1841~1919]

장미가 가득한 정원에서 그림을 그리고 있는 모네를 그린 화가, 기억나니? 오귀스트 르누아르였지. 르누아르는 1841년에 태어난 프랑스 화가야. 집안이 가난해서 13살 때부터 도자기 공장에서 도자기에 그림을 그리는 일을 했어. 하지만 이 일은 훗날 색채를 익히는 데 도움이 되었지.

르누아르는 1862년 파리에 있는 한 화가의 아틀리에에서 그림을 배우기 시작하면서 활동을 시작했대. 모네, 세잔, 카미유 피사로 등 인상파를 대표하는 화가들을 만난 것도 이때였지. 그 후 발표하는 작품들마다 밝고 화사한 색감을 지닌 작품들로 사람들의 시선을 사로잡았어. 따사로운 빛이 감도는 르누아르의 작품은 마치 보는 사람에게 그림 속에 담긴 행복한 빛을 전달하려는 듯해.

'물랭 드 라 갈레트'는 파리의 몽마르트 언덕에 있는 야외 무도장이야.

오귀스트 르누아르 〈물랭 드 라 갈레트〉
1876년, 캔버스에 유채, 131x175cm, 파리 오르세 미술관

왼쪽 위
**〈바느질하는 마리-테레즈 뒤랑-뤼엘〉**
1882년, 81x66cm, 캔버스에 유채,
미국 클락 아트 인스티튜트

오른쪽 위
**〈부지발의 무도회〉**
1883년, 캔버스에 유채, 180x98cm,
미국 보스턴 미술관

왼쪽 아래 **〈그네〉**
1876년, 캔버스에 유채, 92x73cm,
파리 오르세 미술관

오른쪽 아래
**〈뱃놀이 점심〉**
1881년, 캔버스에 유채, 129.5x172.7cm,
필립 메모리얼 갤러리

르누아르의 몽마르트 화실 풍경을 담고 있어.
소설가 에밀 졸라가 자신의 작품 『사랑의 한 페이지』에
'그네' 장면을 넣었다고 해.

오귀스트 르누아르 〈독서〉 1876년, 캔버스에 유채, 45.7x38.1cm, 파리 오르세 미술관

에두아르 마네

[Edouard Manet, 1832~1883]

마네는 아버지가 법관으로 유복한 가정에서 자랐어. 때문에 아버지는 화가가 되는 걸 많이 반대했다고 해. 하지만 결국 마네는 인상파와 현대 미술에서 빼놓을 수 없는 유명한 화가가 되었지.

마네는 살롱에 그림을 출품해서 인정을 받고 싶어 했지만 여러 차례 낙선을 했어. 하지만 〈풀밭 위의 점심〉과 〈올랭피아〉 등 파격적이고 참신한 작품으로 세상의 주목을 받았지. 이 작품들로 사람들에게 많은 비난을 받았지만 작가 에밀 졸라 등 마네를 열렬하게 지지하는 사람도 생겼어.

마네는 평소 살롱, 술집, 기차역 등 현대적인 풍경을 그리는 것을 중요하게 생각했어. 그리고 자신이 인상주의 화가라는 것을 절대 인정하지 않았다고 해. 하지만 많은 인상파 화가들과 어울리면서 그들에게 많은 영향을 주었으니 현대 미술로 넘어오는 중간 다리 역할을 한 셈이지. 마네의 작품을 감상해 볼까?

에두아르 마네
**〈오페라 가면 무도회〉**
1873년, 캔버스에 유채, 59x72cm,
워싱턴 국립미술관

에두아르 마네 〈카페에서〉 1878년, 캔버스에 유채, 78x83cm, 스위스 오스카 라인하르트 컬렉션

왼쪽
**〈피리부는 소년〉**
1866년, 캔버스에 유채, 161x97cm,
파리 오르세 미술관

오른쪽
**〈발코니〉**
1868년, 캔버스에 유채, 170x124cm,
파리 오르세 미술관

그림 속 네 사람 모두
마네의 친구들이야.
그중 맨 앞에 여자는
마네의 제자 베르트 모리조야.

**〈풀밭 위의 점심〉**
1863년, 캔버스에 유채, 208x264cm, 파리 오르세 미술관

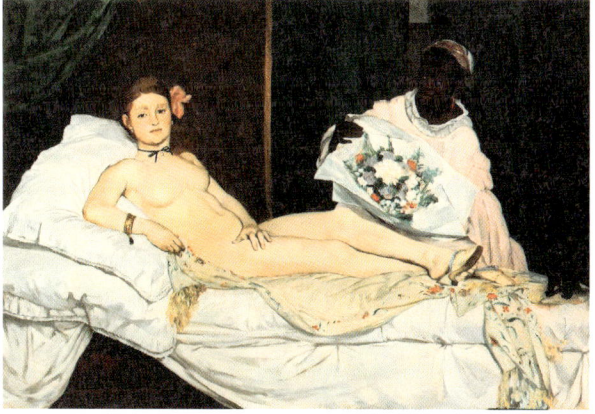

**〈올랭피아〉**
1863년, 캔버스에 유채, 130x190cm, 파리 오르세 미술관

## 미술관에 놀러 가요

| | | |
|---|---|---|
| 강릉시립미술관 | gn.go.kr/mu | 033) 640-4271 |
| 경기도미술관 | gmoma.ggcf.kr | 031) 481-7000 |
| 경남도립미술관 | gyeongnam.go.kr/gam | 055) 254-4600 |
| 경인미술관 | kyunginart.co.kr | 02) 733-4448 |
| 광주시립미술관 | artmuse.gwangju.go.kr | 062) 613-7100 |
| 국립중앙박물관 | museum.go.kr | 02) 2077-9000 |
| 국립현대미술관 | mmca.go.kr | 02) 2188-6000 (과천관) |
| | 02) 3701-9500 (서울관) | 02) 2022-0600 (덕수궁관) |
| 대구미술관 | daeguartmuseum.or.kr | 053) 803-7900 |
| 대전시립미술관 | daejeon.go.kr/dma | 042) 270-7371 |
| 부산시립미술관 | art.busan.go.kr | 051) 744-2602 |
| 서울시립미술관 | sema.seoul.go.kr | 02) 2124-8800 |
| 예술의전당 | sac.or.kr | 02) 580-1300 |
| 전북도립미술관 | jma.go.kr | 063) 290-6888 |
| 제주도립미술관 | jeju.go.kr/jmoa | 064) 710-4300 |
| 포항시립미술관 | poma.pohang.go.kr | 054) 270-4700 |
| 호암미술관 | leeumhoam.org/hoam | 031) 320-1801 |

※ 자세한 정보는 미술관의 인터넷 홈페이지와 전화를 통해 문의하시기 바랍니다.